Helga Sander

Traditionelle Weihnacht

Helga Sander

Traditionelle
Weihnacht

Basteln · Backen · Dekorieren

Augustus Verlag

Inhalt

Vorwort

Mit dem Jahresende, um den ersten Advent, wenn die Tage nebelig werden und schon früh am Abend zur Neige gehen, verbreitet sich ein geheimer Zauber. Die Bereitschaft zur Aufnahme von Wundersamem und Nichtalltäglichem wächst, und Erinnerungen steigen auf: an die Kindheit, an längst vergangene Tage, Erinnerungen an vertrautes Brauchtum.

Vielschichtiges Brauchtum hat sich gerade in den Alpenländern erhalten und wird bis zum heutigen Tag praktiziert. Einiges in abgewandelter Form, anderes wiederum wird wie eh und je gehegt und gepflegt. Mag es an der Abgeschiedenheit mancher Täler liegen oder an den Menschen, die im Alpenländischen beheimatet sind: Dem Bewahren von Erlebtem und dem Leben im Brauchtum verdanken wir ein Stück Kulturgeschichte.

Im vorliegenden Buch finden Sie eine Fülle von Ideen zur Gestaltung der Weihnachts- und Adventszeit, von ganz einfachen bis hin zu anspruchsvolleren kunstgewerblichen Arbeiten. Erzähltes und selbst erlebtes Brauchtum gehört genauso dazu wie Rezepte aus der Küche meiner Großmutter.

Ich habe mich bemüht, Ihnen nicht nur längst Vertrautes, sondern auch Arbeitstechniken nahezubringen, die fast schon vergessen waren. Hierzu habe ich viel nachgefragt und bin zahlreichen Hinweisen nachgegangen. Auch war ich darauf bedacht, nur Material zu verwenden, das wahrscheinlich in jedem Haushalt vorhanden, oder aber leicht zu beschaffen ist. Sollten trotzdem Schwierigkeiten bei der Beschaffung bestimmter Materialien auftreten, kann Ihnen sicherlich das Bezugsquellenverzeichnis im Anhang nützlich sein. Oder Sie schreiben mir. Ich helfe gerne weiter. Besonderen Dank möchte ich dem Leiter des Heimatmuseums in Garmisch-Partenkirchen, Herrn Andreas Baumann, aussprechen. Mit seiner Erlaubnis durften in den Museumsräumen die stilvollen Aufnahmen gemacht werden, die den Charakter und die Atmosphäre dieses Buches wesentlich mitbestimmen.

Eine friedvolle Advents- und Weihnachtszeit wünscht Ihnen aus Garmisch-Partenkirchen

Weihnachtliche Gebinde und Gestecke

Grundtechniken: Kränze binden

Kranzunterbau

Den Kranzunterbau können Sie selbst herstellen oder die im Handel erhältlichen Hartschaum- oder Styroporringe bzw. fertige Kränze verwenden. Diese fertigen Kränze z.B. aus Weide, Ginster, Stroh, Heu, Birke sind oft auch schon eingefärbt, so daß Sie weniger Binde- und Dekorationsmaterial benötigen.

Flechtkranz

Aus dünnen grünen Ästen oder aus verschiedenen Bastarten einen Zopf flechten und Anfang und Ende zusammenbinden.

Astkranz

Je nach Jahreszeit grünes oder trockenes Astwerk für den Unterbau verwenden. Binden Sie zunächst den längsten Ast rund zusammen.

Die übrigen Äste werden entweder um diese Grundform gewunden oder mit Bindedraht daran befestigt.

Andrahten von Blüten

Falls Sie Ihre Kränze noch mit kurzen Blüten (z.B. Christrosen o.ä.) verzieren wollen, führen Sie dazu ein Stück festeren Bindedraht durch die Blüte. Biegen Sie das obere

Ende um, wie es die Abbildung zeigt. Nun ziehen Sie den Draht nach unten, so daß das umgebogene Ende ganz in der Blüte verschwindet. Um den Drahtstiel unauffälliger zu gestalten, kann man ihn mit Floristenband umwickeln.

Andrahten von Tannenzapfen

Schneiden Sie sich Draht in der gewünschten Länge zurecht. Führen

Sie den Draht, wie es die Abbildung zeigt, nahe am Stielansatz um das Innere des Zapfens herum und drehen Sie das kurze Drahtende mit einer Zange am langen fest. Auch hier kann natürlich der Drahtstiel mit Floristenband umwickelt werden.

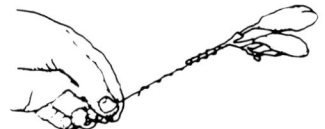

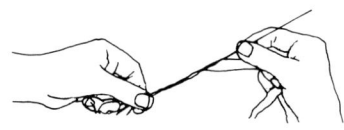

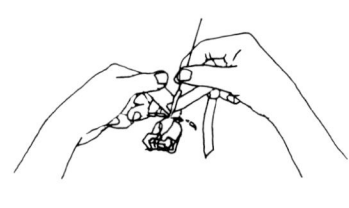

gen und anschließend mit zum Kranz passendem Material umwickeln. Häufig eignet sich Bast sehr gut.

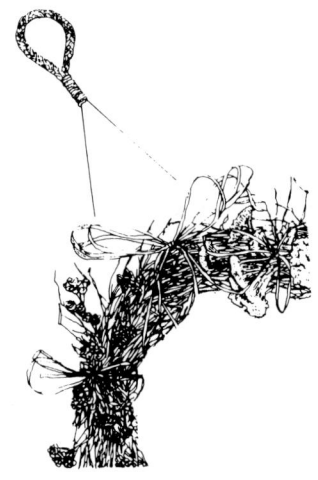

Verlängern von Stielen

Die kurzen Pflanzenstiele mehrmals mit Bindedraht umwickeln. Wenn es das Material erlaubt, sollte der Draht einmal wie eine Schlinge zwischen den Früchten oder Blüten hindurchgeführt werden. Anschließend Draht um den Drahtstiel wickeln.

Umwickeln des Kranzes

Die angedrahteten Blüten, Nüsse, Tannenzapfen usw. mit Blumendraht um den von Ihnen gewählten Unterbau wickeln. Tannenzweige werden direkt angebunden. Kleine Blüten u.ä. können mit kurzen Drahtstielen einfach eingesteckt werden.
Überstehende Drahtenden auf der Rückseite zusammenbiegen, abstehende Stiele einkürzen.

Zusätzlicher Aufhänger

Wenn ein sichtbarer Aufhänger, z.B. ein dafür vorgesehenes Zierband, nicht ausreicht, fügen Sie einen unsichtbaren Aufhänger hinzu. Drehen Sie dafür ein langes Stück Draht so zusammen, daß in der Mitte eine runde Öffnung bleibt. Die freien Enden schieben Sie durch den Kranz und drehen sie so zusammen, daß die ganze Drahtöse unsichtbar bleibt.

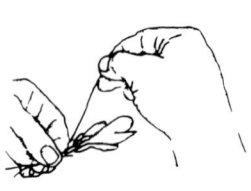

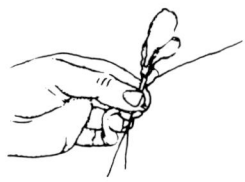

Sichtbarer Aufhänger

Soll Ihr Kranz aufgehängt werden und diese Aufhängung sichtbar sein, formen Sie eine lange Drahtschlaufe, die Sie am Kranz befesti-

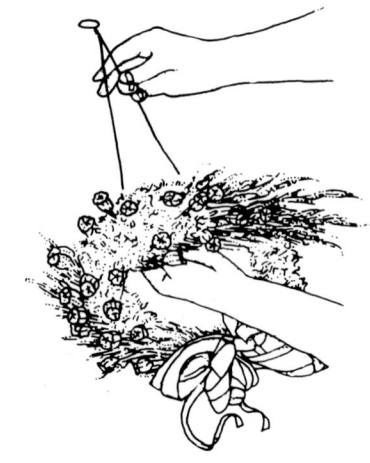

Silberdistelstrauß

Silberdisteln haben seit Jahrhunderten die Bauernstuben in den Alpenländern geschmückt. Meist wurde ihnen ein Ehrenplatz im »Herrgottswinkel« reserviert.
Seit geraumer Zeit stehen diese prächtigen Gewächse der Bergwiesen unter Naturschutz. Für Sträuße sollten daher nur zum Kauf angebotene Disteln verwendet werden. Diese sind Züchterware und können ruhigen Gewissens verarbeitet werden.

Material:
24 bereits rosa getönte Silberdisteln (Rayher Hobby)
24 kleine, dunkelrote Glaskugeln mit Stiel
12 Seidenrosen
1 Bund Stadice
12 Schleifen aus Schmuckband mit Goldrand
30 cm langer Rundstab
Blumendraht
Kreul-Flüssigbronze hellgold

So wird's gemacht

1. Zunächst von den Seidenrosen das Blattgrün abnehmen, jedes Blatt mit einem 15 cm langen Drahtstiehl versehen und mit Flüssigbronze hellgold flüchtig überpinseln.
2. Der Strauß wird nun an das Rundholz gebunden: Mit drei Siberdisteln beginnen, abwechselnd dann Glaskugeln, vergoldete Blätter und Seidenrosen dazubinden.

3. Als Abschluß Schmuckbänder in zwei verschiedenen Roséfarben zu Schleifen binden und mit langen, auslaufenden Bändern dazustecken.

Mein Tip:

Ein Silberdistelstrauß kann das ganze Jahr über als Zimmerschmuck Verwendung finden. Zu festlichen Anlässen wie Geburtstagen oder Hochzeiten stellt er ein außergewöhnliches Geschenk dar.

Tannenzapfengirlande

Diese Girlande aus vielen Tannenzapfen und Tannenzweigen bringt
weihnachtlichen Zauber in jedes
Treppenhaus. Aber auch für Haus-
und Zimmertüren ist sie ein pracht-
voller Winterschmuck.

Material:
Tannenzapfen, gesammelt
oder Bastelgeschäft
dicke Kordel, Blumendraht
breites Band
Goldquasten

So wird's gemacht

1. Tannenzapfen schon während
des Jahres sammeln, geschlossene
Zapfen für kurze Zeit ins Backrohr
schieben: Sie öffnen sich und
verströmen einen herrlichen Duft.
2. Die Länge der Zapfengirlande
hängt von der Art der Verwendung
ab. Zuerst also den Ort für die
Anbringung auswählen und die
Länge der Kordel, die die Girlande
bildet, entsprechend bemessen.
3. Jeder Tannenzapfen wird am
unteren Ende mit Blumendraht so
umwickelt, daß ein Drahtstiel übrigbleibt. Angestielte Zapfen und Tannenzweige abwechselnd mit Blumendraht auf der Kordel rundum
anbinden. Die Kordel ist deshalb so
wichtig, weil sich die fertige Girlande so jeder Form anpaßt – auch
wenn sie über kantige Türstöcke
oder einen Fensterrahmen gehängt
werden soll.
4. Abschließend die prächtigen
Schleifen mit den Goldquasten in
gleichmäßigen Abständen mit Blumendraht auf der Girlande festmachen. Zum Binden und Arrangieren
der Schleifen siehe S.67 ff.

Strauß aus vergoldeten Nüssen

Ein Trockenstrauß aus vergoldeten Nüssen kann immer wieder verwendet werden.
In der Vase auf einen Tisch gestellt, setzt er einen glanzvollen Akzent. Aber auch einfach auf Schränke, Kommoden, Truhen gelegt, wird er zum Blickfang in einem Raum.

Material:
30 Walnüsse
künstliche Tannenzweige
Ruskus oder Erika-Moos
steife Goldkordel
Kreul-Flüssigbronze hellgold
Draht
Styropor

So wird's gemacht

1. Die Walnüsse anstielen, d.h. ein 10 cm langes Drahtstück am unteren, breiten Ende in die Walnuß schieben.
2. Mit Flüssigbronze vergolden und zum Trocknen auf ein bereitgelegtes Stück Styropor stecken. Trockenzeit ca. 4 Stunden.
3. Für den Strauß dann zuerst drei Nüsse eng zusammenbinden und abwechselnd das Grün mit den Nüssen zum fülligen Strauß aneinanderfügen.
4. Ein paar mitgebundene Goldkordeln verleihen dem Gebinde einen leichten, verspielten Zug. Dafür Goldkordel zu Schleifen binden, mit Blumendraht umwickeln und abstehende Drahtteile als Stiel zum Einbinden verwenden.

Mein Tip:

Der Haltbarkeit wegen wurde hier mit künstlichen Zweigen gearbeitet. Sehr dauerhaft sind aber auch spitzer Ruskus oder Erika-Moos. Angestielte weihnachtliche Schleifchen statt der Zweige und andere Nüsse, z.B. Haselnüsse, stellen eine weitere Variante dar.

Adventliche Türkränze

Schon beim Eintritt in Wohnung oder Haus vermittelt ein Türkranz Adventsstimmung. Aber auch in Innenräumen werden damit vorweihnachtliche Akzente gesetzt.

Einen besonders üppigen Türschmuck ergibt dieser Kranz aus Kiefern- und Thujazweigen.

Material:
Kiefern- und Thujazweige
Stechpalmenzweige
rote Christbaumkette
(Rayher Hobby)
3 m rotes Band mit Goldrand

So wird's gemacht

1. Den von Ihnen gewählten Ring (siehe S. 7) mit Tannen- und Thujazweigen recht füllig umwinden.
2. Anschließend die Stechpalmenzweige anbringen und die Christbaumkette sowie das einfach in sich gedrehte Band feststecken.

Mein Tip:

Adventskränze aus Kiefern- und Thujazweigen, wie auch die Zweige der Stechpalme, halten sich lange frisch.

Material:
Tannen- und Thujazweige
Zweige mit getrocknetem Laub
Haselnußrute, Draht- oder Strohring
zum Binden
Glitzerspray gold (Kreul)
Goldband
Draht

So wird's gemacht

1. Wie beim vorhergehenden Beispiel wird der Kranz zunächst um
den vorgefertigten Ring gebunden.
2. Getrocknete Laubzweige mit Gold
einsprühen und zusammen mit
einer üppigen Schleife aus Goldme-
tall am Kranz befestigen.

Adventskranz in Rot

Dieser klassische Adventskranz paßt in jeden Raum. Weil er recht buschig gebunden ist, sind vier rote Kerzen und vier rote Schleifen als Zierat genug.

Material:
frische Fichten- und Tannenzweige
1 vorgefertigter Ring zum Umwinden
4 rote Kerzenhalter
breites, rotes Band
(nach Wunsch mit Goldrand)
Draht

So wird' s gemacht

1. Den Ring vom Unterbau dicht mit Zweigen umwinden.
2. Kerzenhalter mit Kerzen feststecken und vier vorgefertigte Schleifen befestigen.

Mein Tip:

Eine Dekoration mit roten Äpfelchen, welken Blättern und Nüssen auf Tisch oder Teller unterstreicht den frischen, natürlichen Charakter dieses Adventskranzes.

»Paradeisl«

Das »Paradeisl« ist eine andere Form des Adventskranzes. Nach gleichem Brauch wird auch hier am ersten Adventssonntag die erste Kerze angezündet. In Niederbayern dagegen war der sogenannte Klausenbaum gebräuchlich.

Material:
4 möglichst gleich große, feste rotbackige Äpfel
6 Rundstäbe, 30 cm lang
schmales, rotes Seidenband
4 Lampion- oder Christbaumkerzen
Buchsbaumzweige

So wird's gemacht

1. Die Holzstäbe, wenn möglich, bereits weiß kaufen. Ansonsten vorher weiß lackieren. Mit rotem Seidenband umwickeln und dieses an den Enden festkleben.
2. Äpfel mit einem weichen Lappen polieren und die umwickelten Holzstäbe pyramidenförmig in die Äpfel einstechen. Dabei zunächst die auf dem Boden liegende Dreiecksform bilden, den vierten Apfel als Pyramidenspitze oben aufsetzen.
3. Mit einem Messer Löcher für die Kerzen vorstechen, Kerzen aufstecken, mit Buchsbaumzweigen dekorieren.

Gewürzkränze binden

Ein Gewürzkranz ist die »hohe Schule« des Kränzewindens. Ganz ohne Geduld, Liebe und ein wenig Übung wird es nicht funktionieren. Ganz bestimmt aber wird Ihnen ein selbst gemachter Gewürzstrauß nicht nur in der Advents- und Weihnachtszeit Freude bereiten.

Material:
Kupferdraht
Bouillondraht
Wattekügelchen
Klebstoff, Stricknadel
Blumendraht, dünner Draht
Drahtstücke
Ring zum Binden

Gewürze:
Nelken, Bucheckern, Sternanis,
Kandiszucker, Zimt, Kümmel,
Coriander, Anis, Mohn, getrocknete
und geriebene Orangenschalen
Ruskus
Erika-Moos

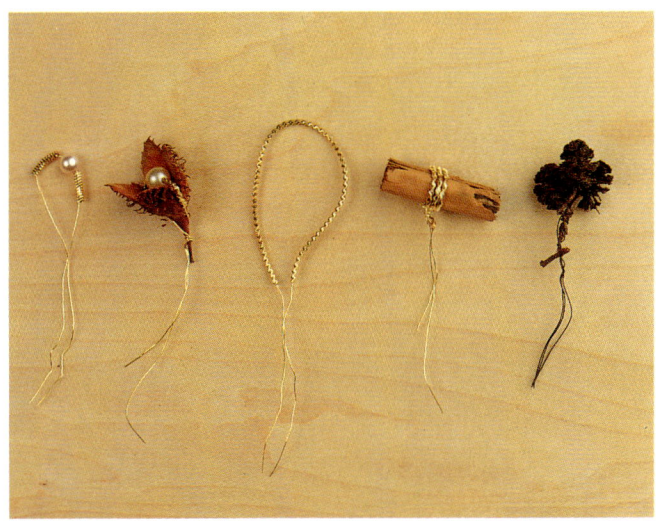

So wird' s gemacht

Materialien vorbereiten

1. Auf 10 cm Kupferdraht 2 cm Bouillondraht aufschieben und zur Schlinge zusammendrehen. Nelke mit 10 cm Blumendraht andrahten, die Bouillon-Drahtschlinge über die Nelke legen, beide Drähte fest zusammenrollen. Binden Sie immer mehrere solcher angedrahteter Nelken zusammen: Nur in der Fülle kommen sie richtig zur Geltung.

2. Bucheckern werden auf dieselbe Art angestiehlt. Auf 15 cm Kupferdraht 2 cm Bouillon aufnehmen, Perle auffassen, wiederum 2 cm Bouillon aufschieben. Die Buchecker damit so andrahten, daß die Perle in der Mitte sitzt.
Noch eine andere Möglichkeit gibt es, um Bucheckern dekorativ mit Drahtstielen zu versehen: Auf 20 cm Kupferdraht 10 cm Bouillondraht aufschieben, zur Hälfte umlegen und dann doppelt um eine Strick-

nadel drehen. Die entstandenen Spirale abnehmen und zusammendrücken. In die Buchecker einsetzen und die überstehenden Drahtenden als Stiel zusammendrehen.

3. Sternanis, Kandiszucker und Zimtrollen werden mit 10 cm Bouillondraht auf 20 cm Kupferdraht umwickelt. Der Draht wird zusammengedreht und als Stiel weitergeführt.

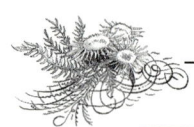

»Gewürzkugeln« herstellen

In das Loch der Wattekugel einen Drahtabschnitt einkleben, antrocknen lassen. Das angestielte Wattebällchen ganz mit Klebstoff überziehen, im bereitgestellten Gewürz so lange wälzen, bis von der weißen Oberfläche der Kugel nichts mehr zu sehen ist. Hierfür eignet sich jedes kleinkörnige und duftende Gewürz. Je mehr wohlriechende Gewürze Sie verwenden, desto interessanter wird der fertige Kranz sein.

Kranz binden

Für den Unterbau bietet der Fachhandel verschiedene Ringe etc. an. Sie können aber genauso gut biegsame Zweige verwenden und diese mit Blumenkrepp umwickeln. Dann die vorbereiteten Gewürz- und Trockenteile in gleichmäßigen Abständen mit dem zugeschnittenen Erika-Moos oder Ruskus sowie Kupferdraht rundum festbinden. Zum Schluß die noch überstehenden Stiele sorgfältig unterschieben, den Draht mehrmals nicht sichtbar um das Gebinde wickeln und abzwicken.

Mein Tip:

Wird eine Aufhängung gebraucht, dreht man das Drahtende zur Schlaufe. Je nach persönlichem Geschmack kleine, angedrahtete Schleifchen dazustecken.

Traditionelles Kunsthandwerk: Klosterarbeiten

Klosterarbeiten wurden, wie der Name sagt, vorwiegend in Nonnenklöstern hergestellt. Gleichzeitig wird damit aber auch die Technik der Arbeiten bezeichnet, die im wesentlichen aus Gold- und Silberdraht, mit bunten Glassteinen, Wachs, Perlen und Stoff gefertigt sind. In aufwendiger Kleinarbeit wurden bereits im Mittelalter kostbare Gegenstände aller Art wie Reliquien, gestickte Bilder oder auch das traditionelle weihnachtliche »Fatschnkind« gefaßt und verziert. In den Alpenländern hat sich auch diese Tradition lebendig erhalten.

londraht umwickeln. Solche Formen sind besonders vielseitig zu verwenden.

Drahtverzierungen anfertigen

Material:
Kupferdraht
Zackenbouillondraht
Glassteine
Metallblüten
Perlen
Stricknadel

Grundtechniken: Zierteile aus Draht und Perlen anfertigen

Material:
(Gold)Perlen
Kupferdraht
Bouillondraht gold oder silber
Glassteine
Stabperlen
Folie

So wird's gemacht

1. Goldperlen durch das Loch auf Kupferdraht auffassen und zusammendrehen. Für weitere Perlen einen Teil des Drahtes wie einen Ast abbiegen. Die Perle darüberstecken und in gewünschter Lage eine Schleife bilden. Beide Drähte wieder zusammendrehen.

2. Ein kürzeres Stück Bouillondraht auf einen längeren Kupferdraht schieben. Zusammen über eine Stricknadel winden, abnehmen und zusammendrehen.

3. Um die Schlinge aufzufüllen, werden Perlen, Glassteine oder Stabperlen auf das lange Ende der Drahtspirale aufgefaßt. Nach dem Zusammendrehen liegen diese nun in der Mitte.

4. Motive aus Folie ausschneiden und eng mit glattgezogenem Bouil-

So wird's gemacht

5. Auf Kupferdraht 3 cm Zacken-bouillondraht aufschieben und zur Schlinge drehen. In gleicher Weise eine zweite kürzere Schlinge anfertigen und beide zusammendrehen.

6. Glassteine, Perlen, ausgestanzte Metallblüten (mit Perle) in eine Bouillondrahtschlinge kleben.

7. Kupferdraht eng über eine Stricknadel winden. Abnehmen, zu einer Schlinge zusammenfassen und eine Perle in die Mitte setzen.

Drahtblüten anfertigen

Material:
Kupferdraht
Plombendraht
Bouillondraht
Perlen
Glassteine

So wird's gemacht

8. Plombendraht auf Kupferdraht schieben und zu einer Schlaufe zusammendrehen. Über diese Form ausgezogenen Bouillondraht von links nach rechts, dann entgegengesetzt, aufwickeln.

9. Aus 5 oder mehr Einzelblättern wird eine einfache Blüte zusammengedreht. Für die gefüllten sind pro Blume mindestens 7 Blütenblätter notwendig.

10. In die Mitte werden abschließend Perlen oder Glassteine oder eigens angefertigte Zierteile in Schlaufenform (siehe S.20) gesetzt.

»Trösterlein«
(Jesuskindl im Glassturz)

Auch »Seelentrösterlein« oder »himmlischer Bräutigam« genannte Christkindfiguren. Trösterlein wurden den Klosterschwestern beim Eintritt in das Kloster meist von Verwandten zum Geschenk gemacht. Solche Jesuskindl waren über Jahrhunderte Mittelpunkt des Brauchtums in kontemplativen Frauenklöstern.

Material:
Glassturz und Holzsockel von Selva
Wachskopf, Hände, Füße für das
Jesulein
Stoff
Goldpaspel
Spitzenstoff
Goldband
Holzstab
Kreul-Flüssigbronze altgold
Drahtblüten
Goldfolie (Kreul)
runde Schachtel
Wachsbordüren
schwarze Farbe
Karton

So wird's gemacht

1. Körper wickeln
Den Körper genau so wickeln wie bei den Krippenfiguren (siehe S.98). Kopf, Hände und Füße mit Draht ansetzen.

2. Kleid nähen
Ein rechteckiges Stück Stoff zuschneiden, Halsöffnung in der Mitte ausschneiden, Kleid überziehen und am Hals festnähen.

3. Verzierung des Kleides
Am Hals, Ärmelrand und am Rocksaum Goldpaspel aufnähen, Ärmel bis zur Hand hin zusammennähen, Goldband vom Hals bis zum Saum aufnähen, darüber Spitzenstoff anbringen. Mit Bouillondraht umwickelte Motive vom Hals aus zur Mitte, wie vom Hals aus zu den Schultern hin ankleben.

4. Stab
Der Stab in der Hand des Jesuleins ist unerläßlich. Hierfür Holzstäbchen mit Flüssigbronze bestreichen, als Abschluß eine goldene Perle und eine Spirale aus Bouillondraht an der Spitze befestigen. Verschiedene Drahtblüten am Stab von unten her bis zur Handhöhe anbringen.

5. Strahlenkranz
Der Strahlenkranz wird aus Goldfolie ausgeschnitten und am Hinterkopf des Trösterleins befestigt.

6. Sockel
Als Standsockel eine kleine Schachtel rund zurechtschneiden. Schwarz streichen und Wachsbordüren andrücken.

7. Glassturz
Den Holzsockel des Glassturzes schwarz streichen, Einkerbungen mit Flüssigbronze nachziehen.

Mein Tip:

Um das Jesulein fest auf dem Schachtelsockel zu halten, empfiehlt es sich, unter dem Kleid einen steifen Karton anzubringen, der in Form einer Spitztüte zusammengedreht ist.

Originalhöhe 12,5 cm

»Fatschnkindl«

Ein »Fatschnkindl« ist ein gewickeltes Jesuskind. Kopf, Hals und Schulteransatz sind fast immer aus Wachs, Hände und Füße nicht notwendig, da der Körper umwickelt ist. Der Körper wird mit Stoffbändern gewickelt und mit kostbaren Stoffen, Spitzen und Borten überzogen, mit Drahtarbeiten und Perlen reichlich verziert.

Fatschnkindl wurden zur Weihnachtszeit vorwiegend in Nonnenklöstern angefertigt. Aber selbst heute noch bilden sie für viele Familien in den Alpenländern – auf einem kostbar geschmückten Kissen ruhend und in einen Glasschrein eingeschlossen – den Mittelpunkt des Weihnachtsgeschehens.

Material:
Bodenbrett 50 x 20 cm
profilierter Bilderrahmen
Holzleim
Kreul-Flüssigbronze hellgold
roter Samt, 50 x 20 cm mit Saumspiel
Watte
Pappe
Wachskopf für Jesuskind
Stoffbänder oder Mullbinde
roter Samt
Goldborte
1 cm breites Goldband
Spitze aus Resten
Drahtverzierungen
Drahtblüten
Bouillondraht
Goldspitze, 40 x 5 cm
Bleiband, Holzplatte
selbst gefertigte Draht- und Perlenverzierung

So wird's gemacht

Holzsockel
Für den Holzsockel den Bilderrahmen auf der Bodenplatte verleimen. Anschließend den Sockel vergolden oder mit Flüssigbronze streichen.

Kissen
1. Zwei 52 x 22 cm große Samtstücke auf der linken Seite zusammennähen, Öffnung lassen und wenden.
2. Mit Watte leicht auffüllen, Öffnung schließen und am Rand entlang eine Goldborte aufnähen.

Jesuskind wickeln

1. Aus Pappe eine zum Wachskopf passende Form ausschneiden. Diese im hohlen Schulteransatz festkleben. Mit Stoffbändern, besser noch Mullbinde, so lange umwickeln (»einfatschen«), bis eine kindähnliche Form entsteht.

2. Mit Samt überziehen, am Brustansatz erst eine Goldborte, dann eine eingereihte Spitze befestigen. Vom

Brustansatz aus bis zu den Füßen eine weiße Spitze aufnähen.

3. Von unten her zweimal gekreuzt mit 1 cm breitem Goldband umwickeln, bouillondrahtgefaßte Perlen aufnähen, Drahtblüten hinzufügen.

4. Aus Folie spitz zulaufende Blätter ausschneiden, mit glattgezogenem Bouillondraht eng umwickeln und nach unten zeigend ankleben.

40 cm lange und 5 cm breite Goldspitze fest einreihen, d.h. einen Faden am Rand entlang durchführen und als Rüsche zusammenziehen. So unter dem Kopf des Wachskindl anbringen, als wäre es ein halbrundes Kissen. Aus Drahtblüten, Perlenblüten und gefaßten Glassteinen einen Kranz anfertigen und um den Kopf auf die eingereihte Goldspitze legen.

Glassturz anfertigen

Aus zugeschnittenen Glasplatten den Glassturz anfertigen, die Einzelteile mit Bleiband verbinden.

Rückwand

1. Über die Rückseite aus Holz wird roter Samt geklebt und mit Goldborte eingefaßt. Als Wanddekoration kommen alle Arten selbst angefertigter Draht- und Perlenblüten, eingefaßte Perlen und Glassteine, winzige Textilrosen und kleine grüne Stoffblätter in Frage. Auch aus Metallfolie ausgeschnittene und umwickelte Doppelmotive (siehe oben) werden verwendet.

2. Die Motive so anordnen, daß sie wellenförmig nach unten auslaufen. Eingefaßte Perlen, zu kleinen Kränzchen gebunden und mit je einer Goldquaste versehen, sind eine zusätzliche Besonderheit dieses prächtigen Fatschnkindls.

3. Die Rückwand wird nach Fertigstellung einfach in den Glassturz hineingesteckt.

Traditionelle
Handarbeiten

Duftkissen
mit Lavendelfüllung

Material:
Zeitschriften und Magazine
Alufolie
weißer Baumwollstoff
Nitroverdünnung
Frotteelappen
Goldlitzen oder Baumwollspitze
Bügeleisen
getrocknete Lavendelblüten

So wird's gemacht

1. Vielleicht schon über einen längeren Zeitraum hinweg geeignete Abbildungen sammeln.
2. Den vorgewaschenen Stoff zuschneiden.
3. Eine Unterlage aus Alufolie bilden, Stoffteil leicht mit Nitroverdünnung anfeuchten.
4. Bild mit der Oberfläche auf die angefeuchtete Stelle legen, Frotteelappen mit Nitroverdünnung benetzen und mit kreisrunden Bewegungen das Bild abreiben.

Achtung: Arbeiten mit Nitroverdünnung nur bei geöffnetem Fenster!

5. Gut trocknen lassen, rückseitig heiß bügeln.
6. Stoff mit Außenseite nach innen zusammenlegen, Litze ringsum zwischen den Stoff nach innen legen.

Beim Zunähen kleine Stelle zum Wenden offen lassen.
7. Umdrehen, mit Lavendelblüten füllen und ganz zunähen. Die Litze erscheint jetzt außen.

Gestrickter Tischläufer

Gestrickte Decken waren zu Lebzeiten meiner Großmutter ebenso gebräuchlich wie gestickte. Wie zu vielen Dingen des täglichen Gebrauchs hat man dafür ausschließlich Baumwolle verwendet.

Material:
Maße des Läufers: ca. 90 x 55 cm (ohne Fransen), dafür
Baumwolle von Rödel: 600 g weiß, 200 g rot, 200 g tannengrün
für das Futter: roter Baumwollstoff

So wird's gemacht

1. 165 Maschen grün anschlagen, ab der 3. Runde mit dem Muster beginnen und wie aufgezeigt nachstricken.

2. Ab der Mitte der Strickarbeit, d.h. dem Ende der farbigen Musterzeichnung, das Muster rückwärts stricken.

3. Abstehende Fäden vernähen, feucht durchbügeln, dann Maß nehmen für das Futter. Ich gebe absichtlich keine genauen Maße dafür an, da verschiedene Strickarten von sehr fest bis ganz locker jeweils andere Maße ergeben. In jedem Fall roten Baumwollstoff mit 2 cm Saumzugabe zuschneiden, den Saum nach innen schlagen und mit kleinen, nicht sichtbaren Stichen an der Strickdecke annähen.

4. Am Maschenanschlag und -ende Fransen in die Schlingen einknüpfen. Hierfür 18 cm lange rote Baumwollfäden zuschneiden, durch die Schlaufen ziehen und verknoten. Es ergibt sich eine Fransenlänge von 9 cm.

Fleckerl-Arbeiten

Mit »Fleckerlwerk« ist eine Technik gemeint, bei der farblich passende kleine Stoffstücke – Reste – formgebend auf textilen Untergrund genäht werden. Als Beispiele sind diese Platzdecken und der Kaffeekannenwärmer in weihnachtlichem Dekor entstanden.

Material:
Platzdecken: jeweils 40 x 30 cm
rot gemusterter Stoff
dunkelgrüner Stoff mit Muster
einfarbig grüner, roter und gelber
Stoff (Kerze, Blätter, Flamme)
passendes Nähgarn
Schrägband rot und grün
Goldpaspel

Kannenwärmer:
Stoff wie vorher
wattiertes Vlies

Servietten:
jeweils 30 x 30 cm roten und grünen
Stoff, 124 cm Goldpaspel

So wird' s gemacht

Platzdeckchen

1. Für die Unterseite in einfarbig grünem, für die Oberseite in dem klein gemusterten, roten Stoff je ein Teil 41 x 31 cm zuschneiden (Fertigmaß 40 x 30 cm). Beide Teile am Rand aneinanderheften, rotes

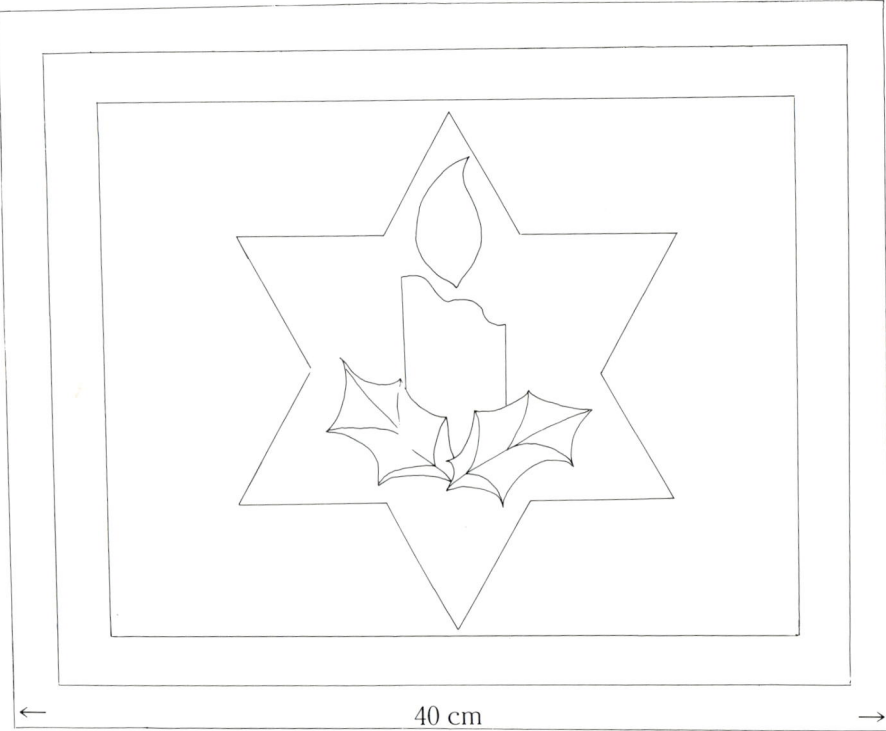

40 cm

Schrägband rückwärts, also auf der grünen Seite aufnähen, nach vorne auf den roten, gemusterten Stoff umlegen und festnähen.

2. Eng an das rote Schrägband wird das grüne aufgenäht. Am inneren Rand des roten wie des grünen Schrägbands zusätzlich Goldpaspel aufnähen. Achten Sie darauf, die Ecken des Schrägbands sorgfältig einzulegen. Sie sollen in einer Linie verlaufen.

3. Der Stern aus dunkelgrünem Stoff mit kleinen Blümchen besteht aus zwei gleichschenkeligen Dreiecken. Diese werden mit einem sehr schmalen Saum nach innen so übereinander auf den roten Untergrund aufgenäht, daß alle Sternspitzen gleich groß sind.

4. Das rote Stoffstück für die Kerze gut in der Mitte plazieren und ebenfalls mit recht schmalem Saum festnähen, darauf die beiden nach außen zeigenden Blätter nähen. Mit Steppstich wird anschließend das Blattgeäst aufgenäht. Die gelbe Kerzenflammme weist zur Sternspitze.

Kannenwärmer

1. Maße bestimmen: Wenn Sie dem Durchmesser Ihrer Kaffee- oder Teekanne auf jeder Seite und auch in der Höhe 10 cm zugeben, erhalten Sie Ihr individuelles Maß.

2. Die Arbeitsweise entspricht derjenigen für die Platzdeckchen, mit dem Unterschied, daß der obere Teil abgerundet wird.

3. Zwischen beide Stoffseiten wattiertes Vlies zum Warmhalten einbringen.

Perlenrahmen um Gobelinbild

Material:
4 Holzleisten
Kreul-Plattenwachs blau
Hammer
Nägel
Klebstoff
Glasstifte
Perlen
4 Muggelsteine
Moosachat, Opal, Amethyst,
Aquamarin
Mattlack

So wird's gemacht

Rahmen

1. Aus den 4 Holzleisten je nach dem von Ihnen angefertigten oder gekauften Gobelinbild den Rahmen nageln und kleben. Die folgenden Angaben für die Perlenverzierung beziehen sich auf eine Rahmenbreite von 4 cm.
2. Die Vorderseite dieses Rahmens flächig mit blauem Plattenwachs bedecken und sehr fest andrücken.

Perlenverzierung

1. Auf einen starken weißen Faden türkisfarbene Glasstifte auffassen und zwei Reihen davon am äußeren Rand des Bilderrahmens fest in das Wachs eindrücken, gefolgt von zwei Reihen hellblauer, runder Perlen. Zwei Reihen türkisfarbener Perlen schließen sich an.
2. An jeder Ecke hellblauen Muggelstein eindrücken, mit großen weißen Perlen umgeben und einer Reihe hellblauer runder Perlen kleineren Formats. In die Mitte jedes Rahmenteiles je eine Moosachat-Scheibe drücken, daran anschließend beidseitig Muggelstein, Opal, Amethyst und Aquamarin.
3. Für die folgenden 6 Perlenreihen kleine, runde Perlen recht bunt durcheinander auffassen und andrücken. Dabei sorgfältig um die schon angebrachten Steine legen und keinen sichtbaren Zwischenraum entstehen lassen.
4. Es folgen zum Abschluß analog auf der anderen Seite zwei Reihen türkisfarbener Glasstifte.
5. Den ganzen Rahmen überprüfen, gezielt alle Perlen festdrücken und mit Mattlack überziehen. Dieser Lacküberzug verfestigt den Perlenschmuck in sich und auf dem Rahmen.

Familienrezepte

Lebkuchen altbairisch

Lebkuchen haben eine lange Tradition. Insbesondere die »Nürnberger Lebkuchen« sind allerorten bekannt. Die ersten Lebküchner in dieser Stadt sind bereits 1395 urkundlich erwähnt. Lebkuchenrezepte haben sich sich mit dem Wandel der Zeit verändert – verfeinert –, andere sind gerade wegen ihrer Einfachheit noch heute so gefragt wie damals.
Das folgende Rezept aus bayerischer Familientradition ist schon sehr alt und wurde von Generation zu Generation mündlich weitergegeben.

Zutaten

Für den Teig:
100 g Butter
100 g Zucker
200 g Bienenhonig
1 TL gemahlenen Anis
1 TL gemahlene Nelken
1 TL Zimt
1 Messerspitze Muskatblüte
3 Eier
3 EL Rahm
1/2 Päckchen Hirschhornsalz
500 g gesiebtes Mehl
Stricknadel oder Zahnstocher

Für den Guß:
200 g Puderzucker
2 Eiweiß
Tortenspritze oder Pergamentpapier

Zubereitung

Teig:
Das Fett schaumig rühren, nach und nach Eier, Honig und Gewürze dazugeben. Rahm mit der Hälfte des gesiebten Mehles unterziehen, den Rest des Mehles mit dem Teig glattkneten. 1 Stunde kaltstellen. Dann den Teig etwa 1 cm dick ausrollen, mit großen Formen nach Ihrer Wahl ausstechen. Mit einer Stricknadel oder einem Zahnstocher das Loch für die Aufhänger einstechen.
Lebkuchen auf ein gefettetes Backblech legen und im vorgeheizten Backrohr bei ca. 170° C 15 bis 20 Minuten backen.

Guß:
Inzwischen Puderzucker mit dem Eiweiß so lange sehr schaumig rühren, bis der Guß weiß und glänzend erscheint. Dann in eine Tortenspritze mit der feinsten Tülle füllen und die abgekühlten Lebkuchen wie aufgezeigt oder nach eigenen Vorstellungen verzieren. Sie können aber auch ein Stück Pergamentpapier zu einer Tütenform mit einer ganz kleinen Öffnung zusammendrehen, in diese den Guß einfüllen und so dekorieren.

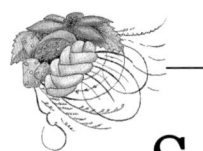

»Springerle«

Springerle werden den »Gildebroten« zugeordnet. In früherer Zeit wurden sie als christliche Gaben verwendet. Daher war man stets bemüht, ihr äußeres Erscheinungsbild entsprechend kunstreich zu präsentieren.

Der Springerleteig wird in eine Holzform, die sogenannte Model, gedrückt. Diese geschnitzten Modeln sind oft kleine Kunstwerke und zeigen von recht häufigen Darstellungen wie Vögeln und Blumen über Motive aus der christlichen Glaubenstradition – z.B. der Heiligen Familie – bis hin zu fürstlichen Reitern eine immense Fülle an Themen.

Modeln

Besorgen Sie sich auf den Weihnachtsmärkten verschiedene Formen nach Ihrer Wahl. Die Modeln sind nicht nur zum Backen notwendig; sie können auch nach dem Gebrauch zu dekorativen Zwecken verwendet und im Raum aufgestellt oder aufgehängt werden.

Zutaten

5 Eier
500 g Puderzucker
abgeriebene Schale einer Zitrone
1 Messerspitze Hirschhornsalz
2 EL Kirschgeist
1 TL gemahlener Anis
Aniskörner
Zahnstocher

Zubereitung

Eier und Puderzucker sehr schaumig rühren, nach und nach die restlichen Zutaten beigeben und einen geschmeidigen Teig daraus kneten. Mehl in die Holzmodel blasen – nicht hineindrücken, denn zuviel Mehl verändert das Motiv –, den Teig leicht ausrollen und mit der Holzmodel ausstechen. Aniskörner auf das Backblech streuen und die mit Teig gefüllten Modeln darauf stürzen. Nach Bedarf mit dem Zahnstocher ein Loch einstechen für den Aufhänger und anschließend eine Nacht trocknen lassen.

Am nächsten Tag ca. 30 Minuten bei 180° C backen. Die Oberfläche muß weiß bleiben; daher ist häufiges Überprüfen des Gebäcks im Ofen ratsam.

Originalgröße: 17 x 18,6 cm

Bemalen

Nach dem Erkalten können die
Springerle mit natürlichen Farbstof-
fen oder Schwartau-Lebensmittel-
farben bemalt werden. Ich habe
Spinatsaft, Blaukrautflüssigkeit,
Eigelb und Preiselbeersaft dafür verwendet. Als Aufhänger ist eine einfache Paketschnur recht passend.

Mein Tip:

Frisch gebackene Springerle sind
hart und sollten deshalb schon in
den ersten Adventstagen
gebacken werden. Wochenlange
Lagerung macht aus ihnen erst
einen richtigen Genuß.

Weihnachtsstollen vom Bauernhof

Auch das folgende Rezept für den traditionellen Weihnachtsstollen ist in unserer Familie lange überliefert. Es stammt aus der Zeit der abgebildeten »Sirub«- und »Semelbröselplätzchen«.

Zutaten für 3 Stollen

Füllung:
250 g Rosinen
250 g Sultaninen
300 g Zitronat
300 g Orangeat
300 g gehobelte Mandeln
1/4 l Rum
500 g Zucker

Teig:
1 kg Mehl
500 g Butter
1 TL Salz
100 g Hefe
etwas Milch

Guß:
Butter
Vanillezucker
Puderzucker
Alufolie

Zubereitung

1. Den Rum erhitzen und darin den Zucker auflösen. Über die Früchte gießen und in einem gut verschließbaren Gefäß 24 Stunden lang durchziehen lassen.

2. Hefe in etwas warmer Milch auflösen. Butter solange erwärmen, bis sie gut in das Mehl mit der Hefe eingearbeitet werden kann. Teig gut durchkneten und zugedeckt an einem warmen Ort gehen lassen.

3. Anschließend die Früchte zugeben und erneut sehr gut durchkneten. Wieder gehen lassen.

4. Durchkneten, drei Stollen daraus formen und im vorgewärmten Ofen auf mittlerer Schiene bei ca. 180° C 60 Minuten backen.

5. Noch heiß mit flüssiger Butter satt einpinseln und mit einem Vanille-Puderzucker-Gemisch dick bestäuben. Noch warm in mehrere Schichten Alufolie wickeln und kühl lagern.

Tips & Tricks

Der Stollen sollte nach dem Backen noch längere Zeit gelagert werden. Davon ausgehend entwickelt das Rezept erst seine eigentliche Güte: Dem Teig werden weder Eier noch Zucker beigefügt. Eier machen den Teig bei längerer Lagerung hart, die Süße ergibt sich durch die in Rum eingelegten Früchte und den Vanille-Puderzucker-Überzug. Besonders wichtig ist das Einpinseln des gebackenen Stollens mit heißer Butter. Dadurch werden die Poren verschlossen, und der Stollen wird durch die Lagerung sehr mürbe.

Tölzer Kletzenbrot (Früchtebrot)

»Heiliger Sebastian
(Festtag am 20. Januar),
schneid' den letzten Kletzen an!«

Dieser überlieferte Spruch weist
achtungsvoll darauf hin, daß die
Kletzenbrote lange haltbar sind und
durch entsprechende Lagerung nur
besser werden. Das heißt also, man
sollte sie mindestens vier Wochen
vor Weihnachten backen.

Das handschriftlich überlieferte
Rezept unserer Großmutter lautet:

Zutaten

500 g Rosinen
500 g Sultaninen
250 g Zitronat
250 g Orangeat
500 g Datteln
500 g Feigen
1 kg Kletzen (getrocknete Birnen)
Saft und Schale von 2 Orangen
1/4 l Weinbrand
100 g Zucker
1/2 l Rum
1 Tl Zimt
1 TL Nelken
1 TL Piment
1 TL gemahlenen Anis
1kg Brotteig vom Bäcker
(Weizenmehl)
Zuckerwasser
Zum Lagern und Verzieren:
Cellophanpapier
kandierte Früchte und Mandeln
kleine Tannenzweige

Zubereitung

1. Datteln entkernen und mit den
Feigen fein schneiden. Alle Früchte
zusammen in eine große Schüssel
geben, Saft und Schale der beiden
Orangen sowie Zucker hinzufügen.
Weinbrand und Rum darübergießen
und einige Tage zugedeckt ruhen
lassen.
2. Den Brotteig - selbst gemacht
oder vom Bäcker - dazugeben und
so lange von Hand durchkneten, bis
alles sehr gut vermischt ist.
3. Längliche Wecken daraus formen
und mit nassen Händen glattstreichen. Mit gespaltenen Mandeln verzieren, auf ein gefettetes Blech setzen und im vorgeheizten Ofen bei
ca. 200° C 60 Minuten backen.
Dabei mehrmals mit Zuckerwasser
bestreichen, wodurch der schöne
dunkelbraune Glanz erzielt wird.
4. Nach dem Backen sofort vom
Blech nehmen. Abgekühlt mit kan-
dierten Früchten garnieren und in
Cellophanpapier wickeln. Einen
kleinen Tannenzweig auflegen und
nochmals mit Cellophan umhüllen.

Geschenkideen für jung und alt

Handbemalte Blumentöpfe

Auch aus Blumentöpfen lassen sich hübsche Ideen für die Weihnachtszeit gestalten.

Material:
Unbeschädigte Blumentöpfe aus Ton
Transparentpapier
Kohlepapier
Klebeband
Bleistift
Farben: Kreul Hobby line weiß,
antikblau, schwarz, gold bzw. weiß,
rot, tannengrün
eventuell passende Kordel
eventuell Javana Tex Blow up weiß

So wird's gemacht

1. Zunächst den Blumentopf insgesamt weiß bzw. rot bemalen.
2. Die Ornamente vom Vorlagebogen auf Transparentpapier übertragen und mit Klebeband am Blumentopf fixieren. Kohlepapier unterlegen und durchzeichnen.
3. Mit Hobby line antikblau ausmalen und am Rand dünn mit schwarz nachziehen. Einige goldene Akzente, zum Beispiel auch für den Rahmen, geben der Gestaltung den letzten Schliff.

4. Oder Sie malen nach eigener Vorstellung auf rotem Grund grüne Tannenzweige auf, die Sie dann mit Javana Tex Blow up überziehen, als wäre frischer Schnee darauf gefallen. Im Backrohr auf ca. 30° C erhitzen: Die weißen Schneeflocken blasen sich wunderbar auf.

Hölzerner Adventskalender mit Bauernmalerei

Adventskalender sind ein Brauch, der nicht nur für Kinder die Vorfreude auf das Weihnachtsfest steigert. Hier stelle ich Ihnen eine Idee zur Gestaltung vor, die allen Beschenkten viel Freude machen wird.

Material:
5 mm dicke Spanplatte (60 x 60 cm)
Säge
Schleifpapier
Bleistift
Hobby line weiß
Farbe in den Tönen: tannengrün, oliv, hellbraun, mittelbraun, dunkelbraun, schwarz, weiß, karminrot, hellrot, altrubin, altrosé, hellblau, gelb, gold
24 Haken
Glanzpapier
Schokoladekugeln
verschiedene kleine Geschenke
Wurzel oder Holzscheit

So wird's gemacht

1. Die Umrisse des Tannenbaums nach der Vorlage auf die Spanplatte aufzeichnen, ausschneiden und an den Rändern abschleifen.
Mit Hobby line weiß vorgrundieren und nach dem Trocknen mit tannengrün streichen.

2. Jetzt von oben nach unten mit dem Bemalen beginnen: Kirchenwände hellbraun und mittelbraun, Dach weiß mit zarten hellbraunen Schattierungen. Nikolaus hellrot und karminrot abgesetzt, Sack dunkelbraun, Pelz und Bart weiß, Stiefel und Gürtel schwarz, eine Glocke altrubin mit hellblauer Schleife, die andere hellblau mit Gold und roter Schleife. Pilze am Stiel weiß und hellbraun, die Hauben hellrot mit weißen Punkten. Kerze rot mit gelber Flamme. Engel in abgestuften Rosétönen. Marias Kleid hellblau, Tuch weiß, zu den Füßen hin übergehend in altrosé. Jesuskind gelb gewickelt mit goldenem Strahlenkranz. Josef dunkelbraun bis schwarz bekleidet, Kopfbedeckung und Ärmel heller, heller Streifen am Rocksaum, Stock schwarz.
Blüten karminrot mit weiß, die vielen stilisierten Blätter hellgrün mit oliv und teilweise etwas gold auf den Blättern.

3. Die Haken in den Baum drehen, kleine Päckchen und in Glanzpapier gewickelte Schokoladekugeln daran aufhängen.

4. Als Fuß eine knorrige Wurzel oder ein Holzscheit einschneiden und den Kalenderbaum in diesen Einschnitt stecken.

Vorlage siehe Vorlagebogen

Puppenhaus

Dieses Puppenhaus ist eine aufwendige Bastelarbeit, die für Ausstattung und zahlreich vorhandene Details viel Liebe und Aufmerksamkeit erfordert. Sollten Sie sich für diese Arbeit als Weihnachtsgeschenk entscheiden, denken Sie daran, unbedingt rechtzeitig mit Vorbereitungen wie Ausführung zu beginnen. Die Mühe für dieses außergewöhnliche Geschenk lohnt sich.

Material:
Holz:
2 Dachschrägen 14 x 49 cm
2 Seitenwände 14 x 71 cm
3 Stockwerkbretter 12 x 60 cm
1 Bodenplatte 14 x 63 cm
1 Rückwand,
Seitenhöhe 70 cm, Mitte 104 cm
Brettstärke: 1,5 cm

Farbe:
braun, mahagoni, grün, gelb

Ausstattung:
Rest Tapete
fertige Puppenstubenmöbel
Details wie Küchengeräte, Töpfe usw. aus Hobbymärkten und Kaufhäusern
Ausschnitte aus Magazinen
Pappe
Schaschlikstäbchen
2 kleine Holzkugeln
Stoffspitze

schmales Band
Notenbuch
farbiges Tonpapier
Metallfolie
Kugelschreiber
grobe Stoffreste
Erikamoos
Perlen

So wird's gemacht

1. Als erstes nageln und kleben Sie den Außenrahmen für das Haus aus Boden, Seitenwänden und Rückwand zusammen. Die Seitenwände müssen oben von außen nach innen, also von 70 auf 71 cm diagonal abgehobelt werden, damit das Dach genau aufliegen kann.
2. Entsprechend der Höhe Ihrer Puppenmöbel die Einlegebretter in gleichen Abständen einpassen und markieren.
3. Die Stockwerkbretter in verschiedenen Farben nach persönlichem Geschmack beizen. Anschließend die Rückwand, wo Sie es wünschen, mit Tapete bekleben. Dachflächen braun streichen.
4. Einlagebretter zuerst von der Rückwand, dann von den Seitenfronten aus nochmals annageln. Dächer befestigen.
5. Die Ausstattung von Küche und Zimmern erfolgt im wesentlichen durch fertige Puppenstubenmöbel nach Ihrer Wahl. Absichtlich habe ich Küche und Parterre in natur, Wohnzimmer mit Klavier und Eßzimmer in dunklen Möbeln ausgestattet.

4. Küche: Für das angedeutete Küchenfenster zunächst eine aus Zeitschriften ausgeschnittene Landschaft aufkleben. Darüber ein Fensterkreuz aus Pappstreifen kleben. Nach Maß der aufgeklebten Landschaft wird ein Schaschlikstäbchen als Vorhangstange zugeschnitten. Zwei Spitzenstücke für die Vorhänge einmal umnähen, Vorhangstange durchführen, zwei Holzperlen an der Seite aufstecken und festkleben. Richtig über die Landschaft kleben und eventuell an beiden Vorhängen unten eine kleine Schleife anbringen.
5. Wohnzimmer: Für die Notenbilder am Klavier Noten aus einem Liederbuch stark verkleinern. Jeweils auf farbiges Tonpapier kleben und so ausschneiden, daß ein Farbrand von ca. 3 mm sichtbar bleibt. Schließlich auf Metallfolie aufkleben, auf der Rückseite mit Kugelschreiber nahe am Rand eine Linie ziehen, die den plastischen Bilderrahmen ergibt. Beim Klavier aufstellen oder an die Wand kleben.
6. Eßzimmer: Die drei Blumenbilder im Eßzimmer bestehen wiederum aus Magazin-Ausschnitten. Auf Metallfolie kleben, mit Kugelschreiber auf der Rückseite den Rahmen ziehen. Umdrehen und an die Wand hängen.
7. Weitere Ausstattungsdetails: Teppiche aus grobem Stoff passend zuschneiden und ausfransen. Der Tannenbaum wird aus ganz kleinen Zweigen von Erikamoos gebunden. Mittelgroße Perlen, Klebesternchen usw. eignen sich bestens als Baumbehang.

Puppenkleiderschrank und Puppenbett

Material:

Puppenkleiderschrank vom Hobbygeschäft oder von Fa. Liebich
weiße Grundierung
Kreul-Farben blau, weiß, altrubin, grasgrün
Stoffarben in denselben Tönen
feines Schleifpapier
Transparentpapier
Kohlepapier
Klebeband
weißer Stoff

So wird's gemacht

1. Kleiderschrank und Bett erst weiß vorgrundieren und anschließend mit feinem Schleifpapier glätten.
2. Die Vorzeichnung auf Transparentpapier übertragen, genau am Puppenschrank anordnen und mit Klebeband an mehreren Stellen befestigen. Kohlepapier unterlegen und sorgfältig durchpausen.
3. Zunächst die Schranktür im weißblauen Streifenmuster bemalen, anschließend den Rahmen in altrubin anlegen. Das Blütenmotiv in grasgrün und weiß für die Blätter, altrubin für die Blüten und blau für die Blütenstempel mit weißen Tupfen malen.

4. Für den Schrankaufsatz ist das Blumenmuster entsprechend abgeändert, aber mit gleichen Farben ausgemalt.

5. Auf den Seitenwänden wird das Streifenmotiv verkürzt und in einer ansprechenden Rahmenform auf-gemalt, der Rest der Fläche blau angelegt.

6. Das Streifenmuster wird gleich-falls an Stirn- und Fußseite des Bet-tes innen angebracht. Mit Stoffarben schließlich das Blumenmotiv auf Bettdecke und Kissen wiederholen.

Vorlagen siehe Vorlagebogen

Truhe mit bemaltem Deckel

Vorlage siehe Vorlagebogen

Material:

Holztruhe von Fa. Liebich
feines Schleifpapier
Farben: Kreul Hobby line weiß, blau,
altrubin
Transparentpapier
Kohlepapier
Bleistift
Klebeband
Aquarellfarben
Goya-Flachpinsel Nr. 4

So wird's gemacht

1. Die Truhe komplett weiß grundieren. Nach dem Trocknen die Oberfläche mit Schleifpapier glätten.
2. Den Truhendeckel mit einem 3,5 cm breiten Streifenrand in Weiß-Blau bemalen, anschließend einen 3,5 cm breiten Streifen in Altrubin hinzufügen.
3. Mit Transparentpapier und Bleistift die Landschaft von der Vorlage abnehmen, am Truhendeckel anpassen. An zwei Stellen mit Klebeband befestigen, Kohlepapier einschieben und durchpausen.
4. Die Landschaft in Aquarellfarben malen. Für den Himmel weiß mit etwas Blau mischen und unregelmäßig auftragen. Kirchenmauern gelb anlegen, die Kuppel unten dunkelgrau und oben genauso weiß wie das Kirchendach. Die Tannenbäume auf der linken Seite hellgrün, rechts vom Stamm moosgrün auftragen. Dabei den Astverlauf andeuten.
5. Nach dem Trocknen viel Schnee auf die Äste tupfen.

Holzteller mit Nikolaus-Motiv

Material:
Holzteller natur
(Bastelgeschäft oder Fa. Liebich)
passender Magazinausschnitt
Nitroverdünnung
Frotteelappen
Mattlack von Kreul
farbige Beize
Flüssigbronze Kupfer von Kreul

So wird's gemacht

1. Den Holzteller gut mit Nitroverdünnung anfeuchten, nicht naß machen!
Achtung: Arbeiten mit Nitroverdünnung nur bei geöffnetem Fenster!

2. Das Bild mit der Oberseite auf die feuchte Stelle legen, einen Frotteelappen mit Nitroverdünnung anfeuchten und damit auf der Rückseite mit kreisrunden Bewegungen das Bild abreiben. Die Abbildung erscheint seitenverkehrt auf dem Teller.

3. Einen Tag später mit Mattlack überziehen.

4. Je nach Geschmack den Tellerrand grün beizen und die Einkerbung mit Flüssigbronze ausmalen.

Vergoldete Kerzenständer

Material:
Kerzenständer aus Holz
(Bastelgeschäft, Fa. Liebich)
Farben: Kreul Hobby line weiß
(Grundierung) und siena
feines Schleifpapier
Goya-Goldanlegeöl (Kreul)
Kompositionsgold (Kreul)
weicher Pinsel
weicher Lappen

So wird's gemacht

1. Den unbehandelten Kerzenständer grundieren, trocknen lassen und mit feinem Schleifpapier glätten.

2. Gleichmäßig mit Siena braun bemalen. Dieser Farbauftrag schafft den schönen, warmen Goldton.

3. Goldanlegeöl als unbedingt notwendigen Haftgrund für das Goldblatt lückenlos auftragen. Das Öl hinterläßt sichtbaren Glanz: So kann leicht überprüft werden, ob eventuell noch Lücken zu schließen sind. Angegebene Trockenzeit einhalten.

4. Nun das Gold aufbringen. Anfängern ist das kostengünstige Kompositionsgold zu empfehlen. Das Goldblatt liegt auf einer dünnen Papierschicht. Zusammen mit dieser Schutzschicht das Goldblatt am Kerzenständer fest andrücken, mit Fingern und Handballen glattstreichen. Für die Einkerbungen Goldblatt mit einem weichen Pinsel aufnehmen, in die Kerben einbringen und mit dem Pinsel fest andrücken. Gegebenenfalls mit gezielten Pinselstrichen etwas nachhelfen.

5. Auf diese Weise Blatt für Blatt anlegen und abschließend überprüfen, ob der Kerzenständer lückenlos vergoldet ist.

6. Mit einem weichen Lappen abstehendes Goldblatt andrücken und die angegebene Trockenzeit einhalten.

7. Zum Schluß mit weichem Tuch vorsichtig polieren.

Trotz großer Sorgfalt frei gebliebene Stellen, an denen das Braun durchschimmert, verleihen dem Kerzenständer einen besonderen Charakter. Sie sind daher für das Gelingen der Arbeit nicht von Bedeutung.

Mein Tip:

Sie können auch versuchen, Gold- und Silberblatt gleichzeitig an einem Gegenstand zu verwenden. Tragen Sie es dann ganz unregelmäßig auf und lassen Sie sich von dem Effekt überraschen!

Stoffserviette
und Geschenkanhänger

Material:
fertige Serviette
Javana Tex Stoffarben gold, grün,
karminrot, weiß, moosgrün
Aquarellpapier mittelfein
Aquarellfarben
Kordel

So wird's gemacht

1. Entweder nach eingewebtem
Stoffmuster oder in eigener Gestaltung die Serviette dezent bemalen.
Ob Sie den hier gezeigten Stil der
Bauernmalerei und die ihr eigene
Pinselführung – ansetzen und hochziehen – wählen, bleibt Ihrem
Geschmack überlassen.
2. Für den Geschenkanhänger eine
rechteckige Fläche aus Aquarellpapier nach der Größe der Vorlage
ausschneiden. In der Mitte zusammenfalten, das Motiv übertragen

Originalgröße
7 x 7 cm

und die Vorderseite im gleichen Motiv mit Aquarellfarben bemalen.

3. Eine farblich passende Kordel zuschneiden, zusammenlegen, am oberen Ende eine Schlaufe bilden. Die Karte zwischen beide Stränge legen, am unteren Ende erneut als Schlaufe verknoten. An beiden Enden in einigen Zentimetern Höhe einen Knoten machen, den Rest der Kordel ausfransen.

Durch die Schlinge am oberen Ende der Karte kann das Geschenkband gezogen werden.

Mein Tip:

Das Geschenk wird perfekt, wenn Sie sich für unifarbenes Geschenkpapier entscheiden und auch dieses mit dem für Serviette und Anhänger verwendeten Motiv verzieren.

Laterne aus Metallfolie

Material:
Transparentpapier
Bleistift
Metallfolie 30 x 18 cm
Zeitungen
dicke, lange Stopfnadel
Teelicht oder Kerze

So wird's gemacht

1. Die Vorlage auf Transparentpapier abpausen.
2. Die Linien auf die Metallfolie durchzeichnen.
3. Aus mehreren Zeitungslagen eine weiche Arbeitsunterlage bilden.
4. Mit der Stopfnadel entlang der Linien eng aneinander gesetzte Löcher einstechen.
5. Am oberen Rand einen Bogen ausschneiden und nochmals an der Kante entlang Löcher stechen.
6. Als Zylinder zusammenstecken und festkleben.
7. Kerze in die Mitte stellen. Fertig.

Filigraner Engel aus Metallfolie

Material:
2 Metallfolien 42 x 30 cm
Transparentpapier
Bleistift
gebogene Schere
Sekundenkleber

So wird's gemacht

1. Vorlagen auf Transparentpapier durchpausen. Zeichnung vom Transparentpapier wiederum auf die Metallfolie übertragen. Achten Sie dabei auf genauestes Durchzeichnen der Linien und bei der Folie auf eine Übertragung mit starkem Druck. Beides ist Voraussetzung für das Gelingen dieser feinteiligen Arbeit.
2. Mit einer kleinen Schere die Formen genau ausschneiden und das Kleid kegelförmig zusammenkleben.

3. Für die Haare zahlreiche schmale Streifen schneiden und über die Scherenschneide ziehen. Sie rollen sich dann wie Locken ein.
4. Das durchgezeichnete Gesicht ausschneiden und auf den Körper stecken, die Locken um das Gesicht drapieren.
5. Ärmel zusammendrehen und in Halshöhe ankleben, Arme im Inneren des Ärmels festmachen.
6. Heiligenschein hinten an die Haare kleben, Flügel anbringen.

Mein Tip:

Der Filigranengel ist für sich allein ein ausgefallenes Dekorationsstück, kann aber auch als Laterne verwendet werden. Wenn Sie den Engel von innen beleuchten wollen, dürfen Sie allerdings keinen Heißkleber verwenden: Er löst sich in der Wärme wieder auf.

Vorlagen siehe Vorlagebogen

Zum
Nikolausabend

Nikolausrute mit Kochlöffel

Ein überlieferter, liebenswerter Brauch in unserer Familie ist es, Mädchen im Jahr der Schulentlassung zum Nikolaustag eine Rute mit eingebundenem, bemaltem Kochlöffel zu schenken. Die Buben erhalten entsprechend ein sinnvolles Werkzeug zum Abschluß der Schulzeit mit der Nikolausrute.

So wird's gemacht

1. Die Vorzeichnung auf Transparentpapier übertragen und mit Kohlepapier auf den Kochlöffel pausen.
2. Nach Belieben bemalen.
3. Eine Rute kaufen oder aus Reisigzweigen binden. Den Kochlöffel mit einbinden.
4. Verschiedene kleine Süßigkeiten und Geschenke mit Anhängern versehen und damit die Rute behängen.
Dazu gehören natürlich die traditionellen Nikolaus-Gaben wie Äpfel und Nüsse.

Material:
Rute aus Reisigzweigen
verschiedene Süßigkeiten und kleine
Geschenke
Kochlöffel aus Holz
Transparentpapier
Kohlepapier
Klebeband
Bleistift
Farben von Kreul

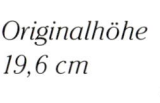

Originalhöhe
19,6 cm

Gestrickter Nikolausstrumpf

Ein Strumpf, in den zu Nikolaus die Gaben gesteckt werden, ist in vielen Ländern üblich. Eine besondere Aufmerksamkeit ist es, wenn Sie sich die Mühe machen, eigens für diesen Anlaß das Behältnis zu stricken.

Material:
200 g Strumpfwolle weiß,
100 g dunkelgrün, 100 g rot und
100 g blau von Rödel
4 passende Stricknadeln Stärke 3
Stopfnadel

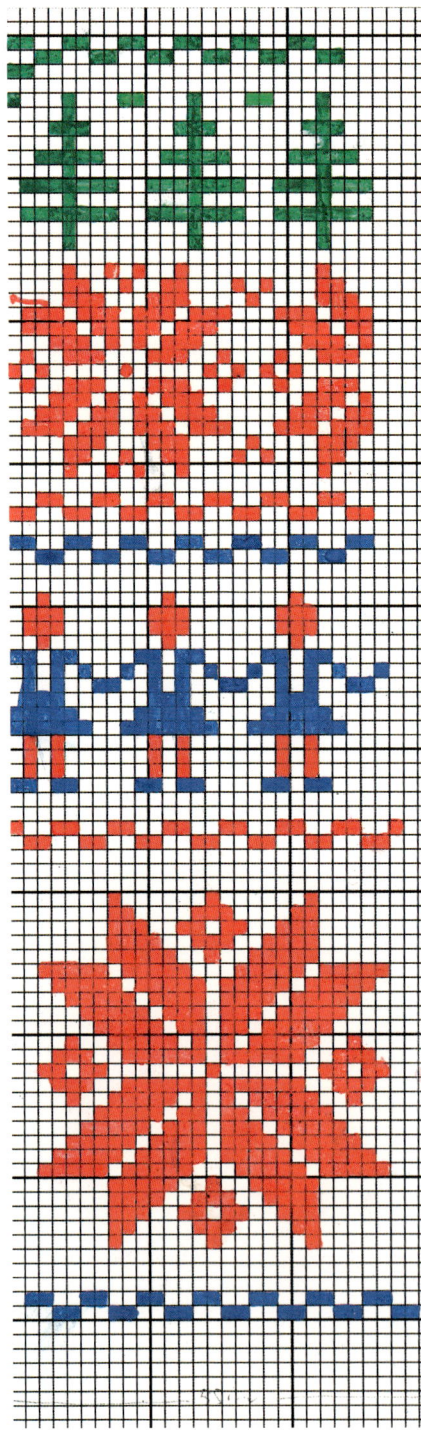

So wird's gemacht

1. Bein: 72 Maschen mit weiß anschlagen, 12 Runden für das Bündchen 2 Maschen rechts/2 Maschen links stricken. Dann nach der farbigen Musterzeichnung nur rechts bis zur Ferse stricken.
2. Ferse: Für die Ferse jeweils die äußeren 19 Maschen von der Nadel abnehmen und diese als Ferse im Waffelmuster rot stricken. Dafür auf der Hinreihe 1 Masche stricken,

1 Masche abheben, 1 Masche stricken usw.; die Rückreihe links stricken und bei der Hinreihe dann wechseln.

Nun nur noch die mittleren 14 Maschen im Waffelmuster stricken, dabei an jedem Ende von den auf der Nadel verbliebenen seitlichen Maschen je eine abnehmen. 1 Masche abheben, 1 Masche stricken, die abgehobene darüberziehen – bis eben nur noch die mittleren 14 Maschen übrigbleiben.

3. Fußsohle: Für die Fußsohle seitlich je 12 Maschen aus der Ferse aufnehmen, um eine schöne Form zu bekommen; am Rand der 3., 5., 7. und 9. Reihe je eine Masche abnehmen, 25 Reihen in Rot weiterstricken und Maschen auf der Ersatznadel belassen.

4. Rist: Das Muster für den Oberfuß weiterstricken. Nach dem Ende des Musters alle Maschen gleichmäßig auf vier Nadeln verteilen und die Sockenspitze in blau fertigstricken.

5. Abschluß: An den äußeren Rändern der Nadel in jeder Runde eine Masche abheben, bis auf jeder Nadel nur noch 1 Masche übrigbleibt. Diese 4 Maschen mit einer Stopfnadel zusammenziehen, nach innen führen und abnähen.

6. Zusammennähen: Rücknaht des Strickstrumpfes mustergleich schließen, Vorfußnähte schließen.

7. Verzierung: Aus der roten Wolle eine Kordel drehen, am Strumpf nach dem Bündchen durchziehen, 2 verschieden große Pompons anfertigen und an den Kordelenden festnähen.

Nikolaus als Hampelmann

Schon vor langer Zeit wurden Oberammergauer Hampelmänner im In- und Ausland verkauft. Die vielfältigen Ausfertigungen dieser »Schnürlfiguren« erfreuten sich damals schon großer Beliebtheit.

Vorlage siehe Vorlagebogen

Material:
Transparentpapier
Kohlepapier
Bleistift
4 mm dicke Sperrholzplatte
Laubsäge
Schleifpapier
Bohrer
Farbe: Hobby line weiß (auch für Grundierung), schwarz, siena, beige, moosgrün, hellgrün, gold
Javana Blow up weiß und braun
Pinsel: Goya Nr. 00
Goldglitter

So wird's gemacht

1. Die Vorzeichnung auf Transparentpapier durchpausen, von dort mit Kohlepapier auf die Sperrholzplatte übertragen. Mit der Laubsäge ausschneiden, Löcher für die Schnuraufhängung bohren. Alle Kanten mit Schleifpapier glätten.
2. Alle Teile weiß grundieren und nach dem Trocknen mit Schleifpapier glattschleifen.
3. Mütze und Mantel in blutrot ausmalen, die Ärmel dabei ab der Achsel mit weiß etwas aufhellen. Gürtel und Stiefel einheitlich schwarz anmalen.

4. Für die Augen erst die Augenränder mit dem Goya Pinsel und schwarzer Farbe nachziehen, die Iris dagegen in siena, die Pupille wiederum schwarz anlegen. Links und rechts der Iris mit weißer Farbe ausfüllen, Wimpern und Augenbrauen sehr fein stricheln. Das gelingt gut, wenn Sie den Pinsel vorher in einer Drehbewegung am Glasrand abstreifen.
5. Das Gesicht in Beige und zum Schattieren mit etwas beigemischter Siena anlegen. Schattierungen über dem Augenlid zur Braue hin, unter dem Auge und seitlich der Nase entlang anlegen. Der Mund wird ganz vom Bart verdeckt.
6. Den Bart mit leichtem Druck auf die Tube in Javana Blow up weiß anlegen. Dabei über den Lippen leicht geschwungen nach außen fahren und vom Kinn nach unten in leichten Wellenlinien. Für den Pelzbesatz Javana Blow up weiß mit etwas Javana Blow up braun vermischen.
7. Tannenbaum zunächst moosgrün anlegen, die abwärts hängenden Äste hellgrün andeuten. Abschließend Blow up weiß als Schnee hinzufügen und nach Wunsch Goldglitter anbringen.
8. Den Sack in der linken Hand in Siena bemalen, der Mitte zu und am oberen Sackrand aufhellen.
9. Abschließend die Verzierung am Sackende, die Schleife sowie die Gürtelschnalle in Gold aufmalen.
10. Die Teile nach Schema zusammenfügen, den Aufhänger an der Rückseite der Mützenspitze anbringen.

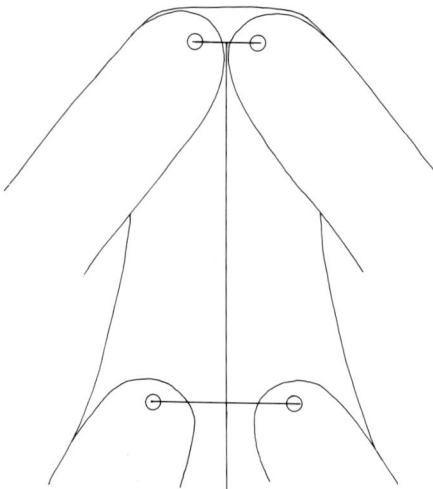

Originalhöhe 20 cm

Selbstgestaltete Weihnachtskarten

Weihnachtsstern
auf Klappkarte

Originalhöhe
13 cm

Material:
hellgrünes Tonpapier
Transparentpapier
Kohlepapier
Bleistift
Aquarellfarben von Kreul
Javana Tex Goldglitter
Schere

So wird's gemacht

1. Die Musterzeichnung mit Transparent- und Kohlepapier auf die Vorderseite der Karte übertragen.
2. In Aquarelltechnik die Blüte hochrot, Blätter dunkelgrün ausmalen. Immer nur ein Blatt in Naß-in-Naß-Technik anlegen, dabei rasch Aufhellungen einbringen. In der Mittelachse jedes Blattes einen schmalen, gezackten Streifen von Farbe freilassen.
3. Blütenblätter zusätzlich mit Javana Goldglitter nachziehen und obere Hälfte des Motivs ausschneiden.

Kartengrüße
aus Tonpapier

Material:
rotes Tonpapier
Transparentpapier
Kohlepapier
Bleistift
Aquarellfarbe silber
Goya-Rundpinsel
Schere

So wird's gemacht

1. Tonpapier auf gewünschtes Format zuschneiden.
2. Vorlagenzeichnung mit Transparent- und Kohlepapier abnehmen. Die Musterzeichnung ist so angelegt, daß sie beliebig verlängert oder verkürzt werden kann.
3. Mit Silber und Rundpinsel die Randbordüre aus folkloristischen Einzelmotiven ausmalen.

Originalbreite 22 cm

Glückwünsche auf Urkundenpapier

Festlich-volkstümlichen Charakter zeigt diese Karte mit traditionellen Motiven aus der Bauernmalerei.

Material:
sandfarbenes Urkundenpapier
Transparentpapier
Kohlepapier
Bleistift
Goya-Aquarellfarben weiß, karminrot, schwarz, moosgrün, kobaltblau, lila, gelb von Kreul
Javana Tex Goldglitter
Pinsel

So wird's gemacht

1. Zunächst die Vorzeichnung sehr genau auf das im richtigen Format zugeschnittene Urkundenpapier übertragen.
2. Mit der Rose in Karminrot das Ausmalen beginnen. In die noch feuchten Pinselzüge Weiß einmalen, und zwar ausgehend von der Mitte unten nach rechts und dann nach links oben. Den großen schwarzen Punkt malen, wenn der vorangegangene Farbauftrag getrocknet ist. Dann wiederum kleine weiße Punkte gut verteilt aufsetzen.
3. Für das Blattgrün den Pinsel gleichzeitig in moosgrüne und weiße Farbe tauchen: So entstehen

mit jedem Pinselstrich zweifarbige Blätter. Den Pinsel nach jedem Strich auswaschen und erneut in die Farbe tauchen.
Die Tulpe rechts gelb und weiß ausmalen, die linke in Kobaltblau anlegen und dann mit Weiß aufhellen zu hellblau und zartblau. Die stilisierten Blüten auf beiden Seiten sind lila mit weiß angelegt.
5. Schließlich die Herzform in Rot anlegen, das Innere durch Linien in geschwungene Karos aufteilen und an den Schnittpunkten Punkte aus Goldglitter aufsetzen. Diese werden auch für die Schnörkel verwendet. Entsprechend verfahren Sie für die Karte in Schrankform.

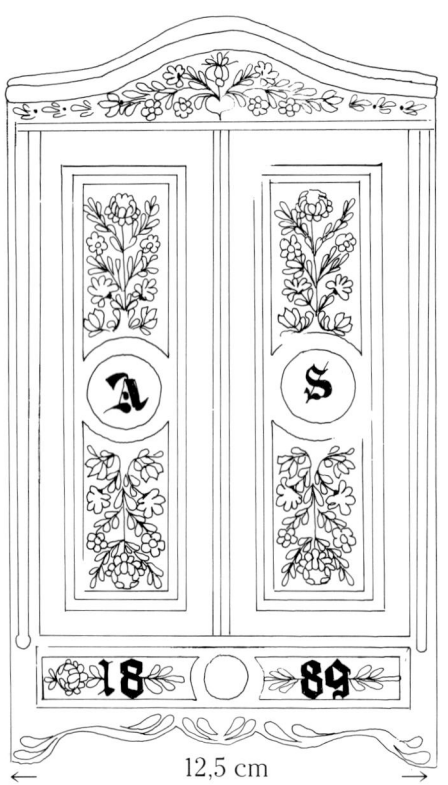

12,5 cm

13,7 cm

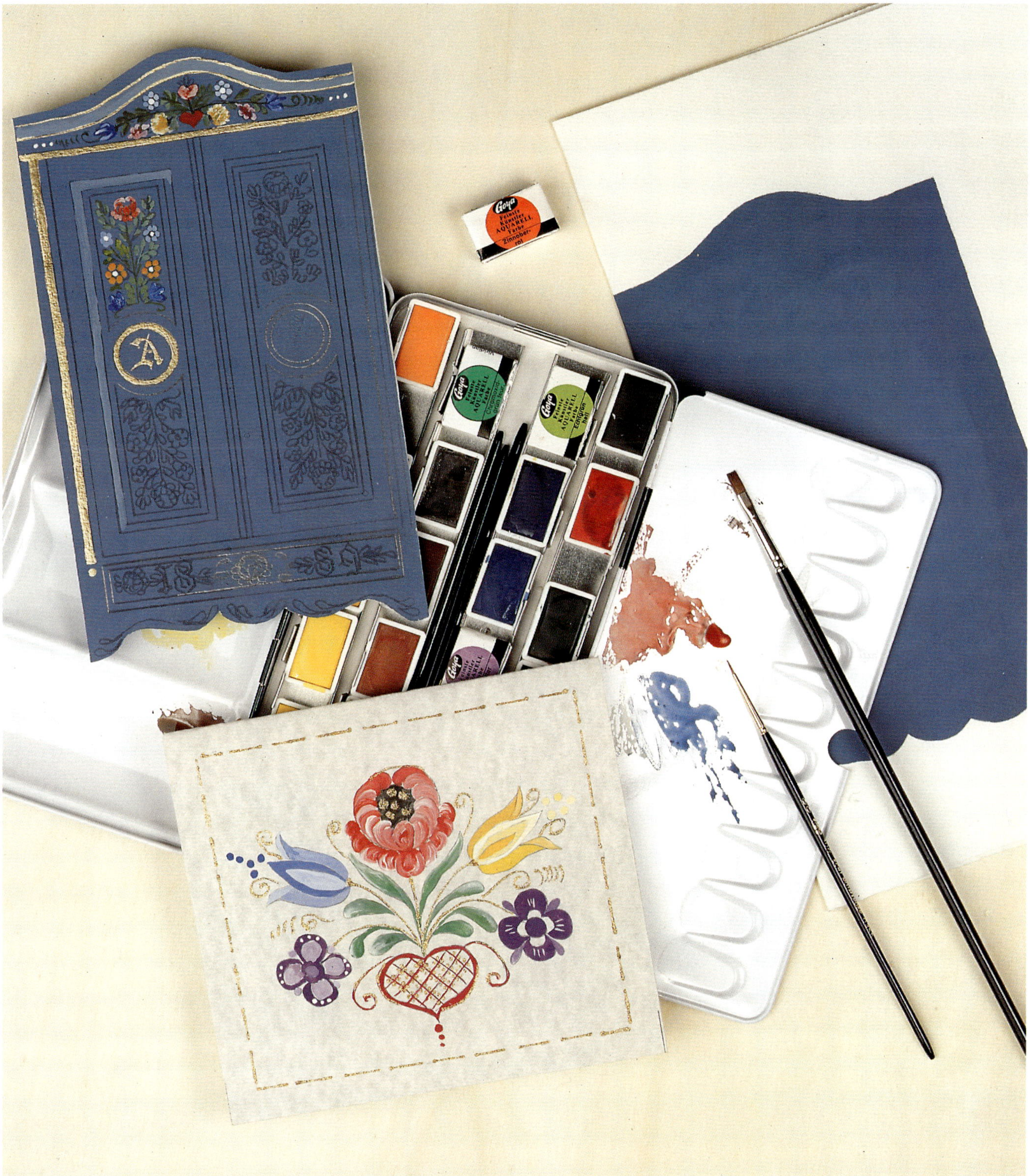
Goya
Feinste
Künstler
AQUARELL
Farbe
Zinnober-
rot

Geschenke
stilvoll
verpacken

Grundtechniken:
Zierschleifen und Rosetten binden

Einfache Schleife

1. Legen Sie das Band zu einer Schlaufe zusammen. Halten Sie die erste Schlaufe am Schnittpunkt fest. 2.–3. Legen Sie die zweite Schlaufe so darüber, daß eine Acht entsteht. Ein Stück Bindedraht in der Mitte abbiegen, über den Schnittpunkt legen und an der Rückseite zusammendrehen.

4. Die Enden der Schleife schräg abschneiden.

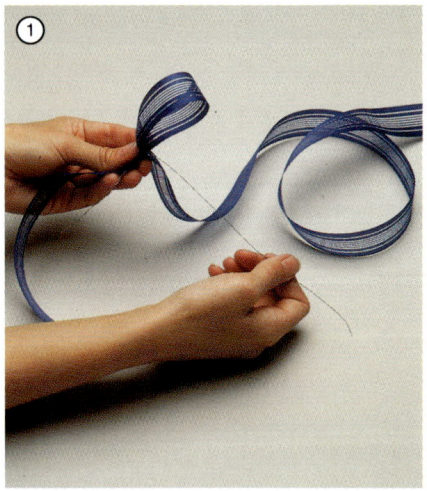

Üppige Schleife

1. Nehmen Sie die erste Schlaufe zwischen Daumen und Zeigefinger der linken Hand. Das kurze Bandstück läuft durch die Hand, das lange Ende läuft rückwärts. Zum kurzen Band ein Stück Bindedraht aufnehmen und im Uhrzeigersinn die erste Schlaufe fixieren.

2.-3. Mit dem langen Band die nächsten Schleifen gleich groß dazulegen und nach jeder einzelnen Schlaufe den Draht im Uhrzeigersinn dazubinden. Den Draht dabei immer an der Rückseite auslassen.

4. Wenn das ganze Bandende aufgearbeitet ist, Anfang und Ende des Bindedrahts zusammendrehen.

5. Die erste der gebundenen Schlaufen fest in die Mitte drehen.
Die Schleife eventuell noch etwas in Form biegen.

6. Bandenden schräg abschneiden.

Sie können aber auch nach folgender Technik mit Nadel und Faden arbeiten:
1. Die gewünschte Breite der fertigen Schleife abmessen.
2. Für jeweils eine Schleife die doppelte Länge dieses Maßes abschneiden, der Hälfte nach als Schlaufe zusammenlegen und am Bug mit Nadel und passendem Faden fest zusammenziehen.
3. Auf diese Weise insgesamt 7 Schleifen aufeinandernähen, abschließend die beiden losen Enden unten festnähen und schräg abschneiden.

Mein Tip:

Fügen Sie immer nur eine ungerade Anzahl von Schleifen aneinander. Dadurch wirkt die entstandene Form harmonischer.

Rosetten

1. Ein Schmuckband mit Drahtein-
lage von einer Seite her dreimal einrollen, anschließend drei Falten auf-
einanderlegen und weiter einrollen.
2. Den Falten gegenüber drei weitere bilden und wieder einrollen.
3. Dann am gefalteten oberen Rand
das Schmuckband blütenblätter-
gleich nach außen wölben.

4. Bandende leicht einschlagen und
auf der Unterseite an der Rolle festnähen. Faden nach unten hängen
lassen und damit die Rosette auf
eine größere, einfarbige Schleife
aufnähen.
5. Nach Belieben Goldquasten zwischen Rosette und Schleife befestigen.

Mein Tip:

Besonders attraktiv wirkt es,
wenn Sie die Rosette aus 2 im
Farbton abgestuften Bändern
zusammenrollen. Dabei sollte das
hellere Band nach innen liegen.

Geschenk-Design »Packpapier«

Auch ohne nennenswerten Aufwand können Geschenke originell und ansprechend verpackt werden. Eine Möglichkeit dafür bietet einfaches Packpapier.

Material:
Packpapier, Wellpappe
Paketschnur
Schere
Klebstoff

So wird's gemacht

1. Das Geschenk zunächst mit Packpapier einwickeln.
2. Einen stilisierten Tannenbaum in entsprechender Größe aufkleben.
3. Um die Kanten Packschnur herumwickeln und das Ende zur Befestigung ankleben.

Nostalgisches Packpapier

Nicht immer ist es nur der Inhalt, der den Reiz eines Geschenkes bestimmt. Ausgefallenes Papier und originelle Verpackung machen aus »Kleinigkeiten« eine Rarität.

Material:
Packpapier
alte Weihnachtskarten, Ausschnitte aus Zeitschriften, Geschenkbogen oder andere nostalgisch wirkende Vorlagen
Packschnur
Schere
Rupfenschleife

So wird's gemacht

1. Packpapier mit den Ausschnitten bekleben.
2. Packschnur in vielen Schlaufen am Knotenpunkt zusammenlegen. Dies unterstreicht die schlichte, aber eindrucksvolle Verpackung. Aus eventuellen Resten bedruckten Papiers und weiterem Packpapier entsteht eine interessante Variante:
1. Über dem Packpapier einen bedruckten Streifen der Länge nach anbringen. Packschnur an den Kanten entlang legen und eng aneinander ankleben. An der Schmalseite mit vielen Schlaufen abbinden.
2. Das »gewisse Etwas« bildet eine zusätzliche kleine Rupfenschleife.

Einwickelpapier mit Kartoffeldruck

Material:
Packpapier
Textilband
Zeitungspapier
1 große Kartoffel
Messer
Javana Stoffarbe von Kreul
dicken Pinsel

und die losen Kartoffelstücke abnehmen.

3. Den Stempel mit Stoffarbe einstreichen und beliebig auf Packpapier und Schleife drucken. Die unterschiedlichen Helligkeitsgrade entstehen durch mehrmaliges Drucken mit nur einem Farbauftrag.

Mein Tip:

Selbstverständlich können auch mehrere Stempel auf einem Papier verwendet werden. Der Phantasie sind keine Grenzen gesetzt.

So wird's gemacht

1. Die Kartoffel der Länge nach halbieren. Aus Papier die betreffende Form (hier Tannenbaum oder Stern) so ausschneiden, daß die Schnittfläche der Kartoffel knapp bedeckt wird.

2. Papierform auf die Kartoffel legen und Umrisse 1 cm tief einschneiden. Dann von der Seite her einschneiden

Spanschachtel mit ornamentiertem Deckel

Material:
runde Spanschachtel,
Durchmesser 15 cm
Hobby line weiß von Kreul
dicker Pinsel
Transparentpapier
Kohlepapier
Bleistift
Konturenpaste in beliebiger Farbe
Wischwachs hellgold
Tuch
Flüssigbronze hellgold von Kreul

So wird's gemacht

1. Die Spanschachtel weiß anmalen. Nach dem Trocknen Vorlage auf Deckel und Rand aufpausen und mit Konturenpaste das Muster exakt nachziehen. Dadurch werden die Linien erhaben.
2. Gut antrocknen lassen und nochmals weiß übermalen.
3. Nach erneuter Trockenzeit die hervortretenden Ornamente leicht mit Wischwachs hellgold bedecken, antrocknen lassen und mit einem Tuch nachpolieren.
4. Die Spanschachtel innen mit Flüssigbronze ausmalen.

74

Spanschachtel
mit Wellpappendekor

Material:
Wellpappe
Bleistift
Maßband
Schere
Holzleim
Hobby line moosgrün und karminrot
von Kreul
Wischmetall hellgold von Kreul
2 Tücher zum Wischen und Polieren

So wird's gemacht

1. Den Umfang der Schachtel oben und unten (falls auch der Boden mit Wellpappe beklebt werden soll) mit Bleistift auf der glatten Seite der Wellpappe umreißen. In der Mitte des Wellpappendeckels einen Stern aufzeichnen. Seitenteile in Höhe und Länge genau abmessen und gleichfalls auf der Wellpappe anzeichnen.

2. Die Teile sorgfältig ausschneiden und im Deckel den Stern herausschneiden. Diesen wiederum so auf einem Stück Wellpappe umreißen, daß die Richtung der Wellen entgegengesetzt läuft. Ausschneiden.

3. Reichlich Holzleim auf die Schachtel auftragen, die zurechtgeschnittenen Teile anpassen und fest andrücken. In die ausgesparte Sternform den anders laufenden Wellpappenstern einkleben. Der dick aufgetragene Holzleim trocknet glasklar aus und härtet zugleich die Wellen der Pappe.

4. Nach dem völligen Trocknen die Schachtel mit moosgrüner Farbe überziehen. Erneut trocknen lassen.

5. Abschließend Wischmetall auf einen kleinen Lappen geben und leicht über die Wellen wischen.

6. Nochmals 1 Stunde antrocknen lassen. Mit einem weichen Lappen nachpolieren, bis leichter Glanz entsteht.

7. Das Innere der Schachtel karminrot ausmalen. Der Schachtelrand wird soweit wie der Deckel übersteht flachgedrückt, um den Deckel aufsetzen zu können.

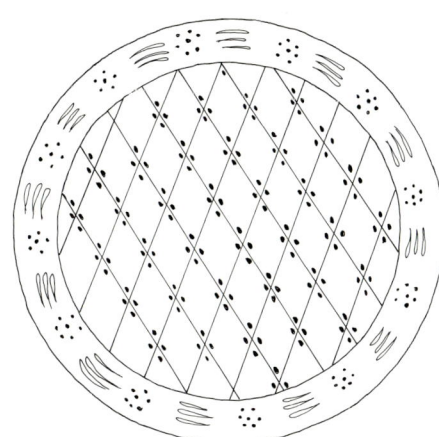

Originalgröße Spanschachtel mit ornamentiertem Deckel ø 15 cm

Traditioneller Wachsschmuck

Weihnachtskerze mit Bauernmalerei

Material:
große Kerze (15 x 25 cm)
Spülmittel
Transparentpapier
Kohlepapier
Bleistift
Klebeband
Hobby line hellgrün, olivgrün,
karminrot und weiß
Javana Tex Goldglitter

So wird's gemacht

1. Die Kerze gründlich mit Spülmittel reinigen, damit Vorzeichnung und Farbauftrag haften.
2. Die Vorlage auf Transparentpapier übertragen und am unteren Rand der Kerze ausrichten. Mit Klebeband befestigen, Kohlepapier unterlegen und durchzeichnen.
3. In den genannten Farben bemalen. Die Ränder der Motive wie auch des Schriftzugs sehr fein mit Goldglitter nachziehen.

Vorlage siehe Vorlagebogen

Wachsstock

Der Wachsstock ist eine besonders prächtige Variante der Kerze, die zu besonderen Anlässen für den kirchlichen wie häuslichen Gebrauch hergestellt wurde. Neben ganz einfachen, flachen »Wachsstöckl« gab es auch kunstvoll gelegte und aufwendig verzierte Arbeiten. Der alte Brauch, nachdem Patenkinder an besonderen Festtagen von ihrem Paten den entsprechenden Wachsstock als Geschenk erhalten, lebt heute mancherorts wieder auf.

Material:
2 Päckchen Wachsschnüre,
Durchmesser 5 mm
Wachsbordüren
Wachsornamente
Klebewachs (Fachgeschäft, Wachszieherei)
Seidenbild je nach Anlaß
(Bastelgeschäft)

So wird's gemacht

1. Schon vorher die Wachsschnur bei Zimmertemperatur legen, und zwar zuerst der Länge nach, dann quer darüber. Nur eine geschmeidige Wachsschnur läßt sich problemlos legen.
2. Das Bild paßgenau mit Klebewachs auf dem Gewickelten befestigen. Um dieses herum wieder eine Wachsschnur andrücken, vergleichbar mit dem Aufsetzen eines Bilderrahmens.

3. Wachsborte und Wachsornamente aufdrücken.
4. Abschließend noch eine Wachsschnur auf die schon befestigte Wachsborte legen und festdrücken.

Baumschmuck wie in alten Zeiten

Die häufige Verwendung von Buchsbaum und anderen grünen Zweigen in der Weihnachtszeit hat vielfache symbolische - christliche wie mythologische - Bedeutung. Trotz Schnee und eisiger Kälte verlieren diese Pflanzen ihr Blattwerk nicht, und ihre Lebenskraft bleibt sogar unter der Schneedecke erhalten.

Auch dem Kerzenlicht, das die Winternacht erhellt, wird diese Leben spendende und das Böse vertreibende Kraft zugeschrieben. Wer wollte da den Zusammenhang zwischen den immergrünen Zweigen und dem Kerzenlicht des Lichterbaumes von heute, des Christbaums, in Frage stellen? Trotzdem dauerte es lange, bis der Christbaum bei uns heimisch wurde. Nur spät und sehr zögernd konnte er sich im kirchlichen Bereich den Platz neben der Krippe erobern. In der Garmischer Sankt-Martinskirche wurde erst 1925 der erste Christbaum aufgestellt.

Glitzernder Christbaumschmuck

Christbaumschmuck war und ist stets dem Geschmack der Zeit unterworfen. Althergebrachter Baumbehang findet heute aber wieder immer mehr Liebhaber. Freilich braucht selbstgemachter Christbaumschmuck Zeit und Geduld und ist teilweise mit erheblichem Materialaufwand verbunden. Man sollte dabei aber nicht außer acht lassen, daß oftmals gerade diese Stunden gemeinsamen Arbeitens die Einstimmung auf das Weihnachtsfest bringen.

Material:
Spiegelscheiben
Goldborten
Goldkordel
Perlenschnur
Kettenschnüre
goldfarbene Paillettenschnüre
ovale Schachteln, mit Goldpapier
überzogen
Christkindchen aus Wachs
Drahtkordel
rotes Seidenband
Bouillondraht
Samtfolie
Staubgefäße
Klebepistole

So wird's gemacht

1. Herzen
Zwei Spiegelherzen zusammenkleben, den seitlichen Rand mit Paillettenschnur bekleben. Nach innen zu beidseitig Goldkordel, Perlenschnur und Goldborte aufkleben. Beide Enden der Kordel ausfransen und als Quaste ins Innere hängen lassen. 5 cm Goldspitze einreihen. Aufhängung mit Klebepistole anbringen.

2. Schachtelschmuck
Eine ovale Schachtel innen mit Samtfolie auslegen. Goldborte am

unteren und oberen Rand aufkleben. Aus Metallfolie ein pfennig-
großes Stück sternförmig ausschneiden und am Hinterkopf des
»Wachskindls« ankleben. Dieses
dann in der Mitte am Schachtelbo-
den anbringen. Das Fußende mit
verschiedenen Staubgefäßen aus-
schmücken. Eine Glasscheibe über
die Schachtelöffnung kleben und
den Rand mit goldener Perlenschnur einfassen. 20 cm lange
Drahtkordel in Gold um einen Bleistift wickeln, abnehmen und wellenförmig um den äußeren Schachtelrand kleben. Goldkordel als
Aufhänger durch eine Schlaufe ziehen.

3. Ovaler Glasschmuck
Zwei ovale Spiegelteile aufeinander-
kleben und am Außenrand eine
schmale Goldborte anbringen. Nach
innen eine rotgoldene Borte kleben.
Aus schmalem, rotem Seidenband
zwei dichte Schleifchen binden, die
Enden des Seidenbands in den
Spiegel hängen lassen. Eine Blüte
aus Bouillondraht anfertigen (siehe
S. 21) und mit einer zusätzlichen
Goldbandschleife ankleben. Dünne
Goldkordel als Aufhänger durchzie-
hen.

Christbaumschmuck aus Metallfolie

Weihnachtliche Arbeiten aus Metallfolie waren von jeher sehr beliebt und werden es auch bleiben. Das leicht zu bearbeitende Material eröffnet immer wieder neue Gestaltungsmöglichkeiten, und so ist in der Tradition eine Fülle an Motiven überliefert, die als Anregungen dienen können. Ihrer eigenen Phantasie sind dabei aber keine Grenzen gesetzt.

Verschiedene Weihnachtsmotive

Vorlagen siehe Vorlagebogen

Material:
Transparentpapier
Metallfolie von Kreul
Klebeband
Stricknadel oder Kugelschreiber
Schere
Transparent-Glasmalfarben von Kreul
Christbaumaufhänger

So wird's gemacht

1. Vorlagenzeichnung mit allen Linien auf Transparentpapier durchpausen. Dieses über die Metallfolie legen und mit Klebeband etwas festkleben.

2. Mit einer Stricknadel oder einem Kugelschreiber die Linien abwechselnd auf der Gold- und Silberseite kräftig durchdrücken. Anschließend den Umriß der Figur sowie kleine Formen im Inneren ausschneiden.
3. Die so entstandenen kleinen Flächen bis zum Rand hin bündig mit Glasmalfarben auffüllen und gut trocknen lassen.
4. Mit Aufhängern versehen.

Stern- und Herzanhänger

Material:
Transparentpapier
Metallfolie von Kreul
Klebeband
Stricknadel oder Kugelschreiber
Pergamentpapier
Schere
Klebstoff
Javana Tex Goldglitter
Goldfaden oder Goldkordel

So wird's gemacht

1. Die Rahmen für die Form zweimal von der Vorlage auf die Goldfolie übertragen und ausschneiden.
2. Die ganze Stern- oder Herzform nach der Vorlage aus Pergamentpapier ausschneiden.
3. Auf einen Rahmen aus Metallfolie die Form aus Pergament aufkleben, den zweiten Folienrahmen auf der Rückseite maßrichtig aufsetzen und festkleben.
4. Mit Goldgitter den äußeren und inneren Rand gleichmäßig nachziehen, auf das Pergamentpapier einen Namenszug schreiben.
5. Ein Loch für die Aufhängung stechen und Goldfaden oder -kordel hindurchziehen.

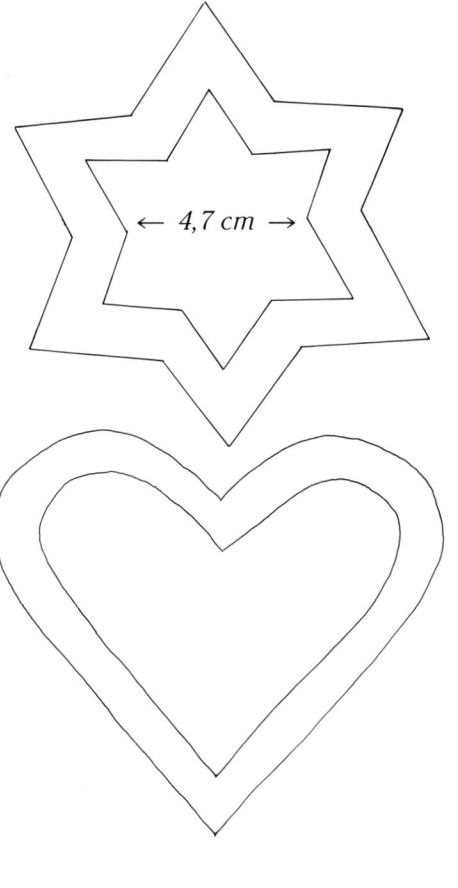

← 4,7 cm →

Strohsterne

Strohsterne verschiedenster Art haben eine lange Tradition. Dieser Christbaumschmuck aus einfachsten Mitteln war und ist für jedermann erschwinglich, insbesondere auf dem Land war das Material allen zugänglich. Bei der Anfertigung eröffnen sich die vielseitigsten Möglichkeiten, und ein nur mit Strohsternen geschmückter Weihnachtsbaum verbreitet ein natürliche und heimelige Stimmung.

Im folgenden nur die grundsätzlichen Hinweise zur Anfertigung, bei Formen und Zusammenstellungen sollten Sie eigenen Erfindungsreichtum entwickeln.

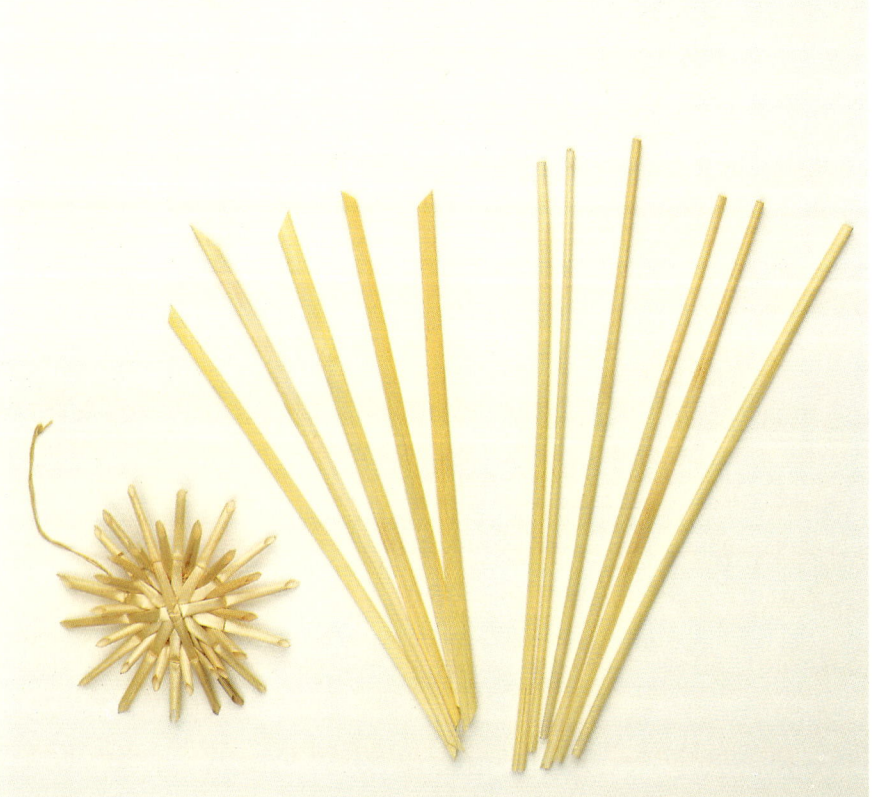

Abgebundene Sterne

Die Halme in die gewünschte Länge schneiden und eine Kreuzform legen. Dann rotes Garn einmal unter dem Halm, einmal über dem Halm durchführen. Für das nächste, diagonal darübergelegte Kreuz Garnführung in entgegengesetzter Richtung anlegen. So fortfahren, bis der Stern sehr füllig geworden ist. Die Halme nach Belieben in unterschiedlichen Längen verwenden oder so zuschneiden.

Material:
Strohhalme
Schere
Klebstoff
Bügeleisen
Nadel
rotes Garn

So wird's gemacht

Strohhalme 15 Minuten in warmes Wasser legen, dann auf ein angefeuchtetes Tuch legen, um schnelles Trocknen zu verhindern. Nur so gewässert und in feuchtem Zustand kann man die Halme biegen, flechten und problemlos anbinden.

Geklebte Strohsterne

Die gewässerten Halme der Länge nach teilen und bei mittlerer Hitze glattbügeln. In der gewünschten Länge zuschneiden, übereinander festkleben, die Enden jeweils schräg, spitz oder zweizackig schneiden. Mit der Nadel ein Garnstück für den Aufhänger durchziehen.

Je mehr Teile Sie übereinander kleben, um so dekorativer wird der Strohstern.

Geflochtene Sterne

Hierzu eigenen sich nur überlange Strohsterne. Drei Halme flechten, dann falten und mit einem kurzen Überstand abbinden. In doppelter Lage in Herzform bringen, nochmals abbinden und die verbliebenen Enden zu einer breiten Spitze schneiden.

3 Halme in der Mitte zusammenkleben, zusammenfalten und unten wie oben abbinden. Das äußere Ende spitz zuschneiden. 7 solcher Einzelteile anfertigen, im Zentrum zusammensetzen und zusammennähen. An den Armen mit abwechselnd oben und und unten gelegter Garnführung verbinden.

Holzspan-Sterne

Auch Holzspäne waren ein »Abfall-produkt«, mit dem auf billige Weise dekorativer Weihnachtsschmuck angefertigt werden konnte.

Material:
7 Holzspäne mit 16 cm Länge
7 Holzspäne mit 22 cm Länge
Klebstoff
Goldglitter
Nadel
Garn als Aufhänger

So wird's gemacht

1. Die 7 Einzelteile aus jeweils zwei Holzspänen (16 und 22 cm lang) anfertigen.
2. Für ein Element zunächst den äußeren Span (16 cm) an beiden Enden zusammenkleben.
3. Den inneren Span (22 cm) an einem Ende einrollen. Das freie Ende über die Rolle zurückführen und Ende auf Ende zusammenkleben.
4. In der Mitte oben zusammndrücken und in den schon vorbereiteten äußeren Span kleben.
5. Die 7 Einzelmotive zusammenkleben und mit Goldglitter belegen.
6. Mit Nadel und Garn ein Loch stechen und den Aufhänger anbringen.

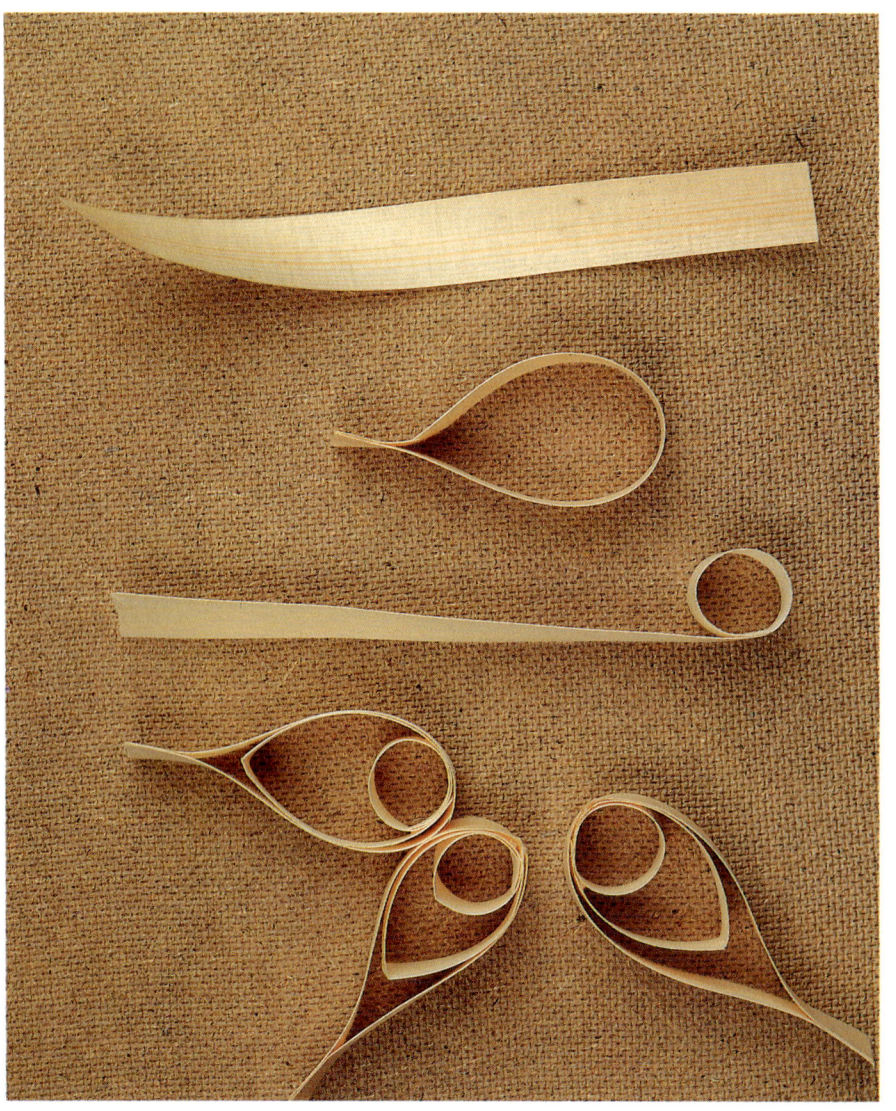

Handbemalte Baumkugeln

Dekorative Malerei auf Glaskugeln sollte eigentlich nicht nur der Weihnachtszeit vorbehalten bleiben. Aber der Charakter des Kostbaren, der durch ihre Zerbrechlichkeit und die auf Glas besonders leuchtenden Farben entsteht, macht Glaskugeln gerade in der Weihnachtszeit zu einem bevorzugten Schmuck.

Material:
Glaskugeln im Durchmesser
10 - 20 cm
Transparentpapier
Kohlepapier
Bleistift
Klebeband
Goya-Aquarellfarben von Kreul
Goya-Rundpinsel Nr. 1-3
Kreul-Flüssigbronze hellgold

So wird's gemacht

1. Übertragen Sie die Vorlage auf Transparentpapier, fixieren Sie dieses mit Klebeband auf der Kugel und pausen Sie mit untergelegtem Kohlepapier die Zeichnung durch.
2. Malen Sie die vorgezeichneten Flächen von der Mitte ausgehend zunächst nach einer Seite, dann zu der anderen hin aus.
3. Nach dem Trocknen ziehen Sie ein passendes Band als Aufhängung durch die Glasösen.

Diese Kugel hat einen Durchmesser ▶
von 15 cm. Nach Übertragen der
Vorzeichnung mit blauer Hoch-
glanzfarbe von Kreul geschwungene
Pinselstriche ausführen. Gitter der
Innenfläche mit Javana Tex Goldglitter anlegen, dabei einige Schnitt-
punkte verzieren.

Der reichliche Auftrag von Goldglitter verleiht diesem stilisierten Blu-
menstrauß das besonders festliche
Aussehen. Vorzeichnung übertragen und bemalen wie bei den vorhergehenden Beispielen.

Die obere Kugel mit einem Durchmesser von 10 cm ist füllig ausgemalt. Das Motiv wird ab der Mitte
wiederholt, ausgenommen sind die
drei Rosen in der Mitte, die den
Ausgangspunkt darstellen.

Vorlagen siehe Vorlagebogen

Wollen Sie eine Glaskugel rundum bemalen, ist diese Landschaft gerade richtig.

1. Die Häuser von links nach rechts bemalen: orange, pink, rosé, Kirche gelb, Turm grau. Anschließend wieder ein Haus in Blau und Hellgrün. Die beleuchteten Fenster gelb und schwarz anlegen. Für den Schnee auf den Dächern viel Weiß, Tannenbäume auf einer Seite hellgrün, auf der anderen dunkelgrün. Himmel in Kobaltblau und nach oben hin immer mehr Weiß mitmalen. Unter den Bäumen und an den Häusern dick Weiß auftragen, Gehweg mit hellgrüner Farbe andeuten. Viele silbernen Punkte für die Sterne aufsetzen.

2. Abschließend mit Silberglitter auf Bäumen und Schnee die glitzernde Winterlandschaft zaubern.

Alpenländische Krippentradition

Mit dem Begriff »Krippe« war ursprünglich im eigentlichen Sinne nur das Jesuskind in der Krippe gemeint. Eine aus mehreren Figuren bestehende Darstellung des Geschehens um Christi Geburt nannte man »Weihnacht«.

Insbesondere die Alpenregionen blicken auf eine lange Krippentradition zurück. In Orten wie Oberammergau, in denen bis heute die Schnitzerei gepflegt wird, entstehen seit Jahrhunderten Krippendarstellungen von höchster Qualität und Ausdruckskraft. Auch neapolitanische Krippen haben zum Beispiel große Berühmtheit erlangt. Gestalterisches Arbeiten an einer Krippe unterscheidet sich erheblich von anderen Weihnachtsbasteleien. Zum einen steht es in unmittelbarstem Zusammenhang mit dem Weihnachtsgeschehen selbst, zum anderen wird eine Krippe in der Regel als fester Bestandteil im Weihnachtsfest der Familie integriert. Nehmen Sie sich also viel Zeit und Muße. Und warum nicht auch eine Krippe über Jahre hinweg immer wieder ergänzen?

Wir bauen einen Krippenstall

Der im folgenden beschriebene
Krippenstall ist auf Figuren der
Größe 10 - 18 cm ausgerichtet. Zum
Bau finden Sie auch einen genauen
Plan.

Material:
*1 cm starke Bodenplatte aus Sperr-
holz*
Bleistift
Schleifpapier
*Hobby line weiß (Grundierung),
olivgrün, moosgrün, dunkelbraun*
dünnes Holzbrett für die Seitenteile
Holzleiste

Holzleim
fertige Holzschindeln
Gips
Spachtel
Hammer und Nägel
Trockenmoos
dürre Ästchen
*ca. 0,5 cm dünne Spanplatte für das
Dach*
3 Vierkant-Holzstäbe
verschiedene Accessoires nach Wahl

So wird's gemacht

1. Die Bodenplatte nach der Vorzeichnung im vorderen Teil unregelmäßig gewellt zusägen. Grundieren, mit Schleifpapier Kanten und Oberfläche glätten und in einem schönen Grünton mindestens zweimal anstreichen.

2. Ausgesägte Seitenteile und Rückseite auf die Bodenplatte aufnageln. Dabei kurze Nägel schräg nach unten treiben, so daß mit dem Nagel die Wand und die Bodenplatte erfaßt werden. Kleine Boden-

leisten aus Holz anbringen, damit die Standfestigkeit erhöht wird.

3. Gips anrühren und mit der Spachtel grob auf die Wände auftragen. Dabei in den feuchten Gips gleich einige Holzstückchen einsetzen, die als Ziegel dienen. An der Rückwand zwei senkrechte Holzstäbchen als Halterung für die Futterkrippe ansetzen. Fensterkreuz aus Holz in das Rundbogenfenster einbringen.

4. Die Bodenleisten gut mit Gips verdecken und mit Trockenmoos verkleiden. Kleine Ästchen als Bäume an den beiden sichtbaren Stallecken anbringen.

5. Einige Tropfen Hobby line dunkelbraun in ein Glas Wasser geben und damit die Gipsmauer überpin-

seln. Das nimmt dem Mauerwerk den »neuen« Charakter.

6. An der Rückwand die beiden waagrechten Holzstäbchen an der Halterung der Gipswand anleimen.

7. Von der Mitte des runden Tores an der Seite aus einen schmalen Überbau aus Holzschindeln ansetzen.

8. Dachspanplatte aufsetzen, 3 vierkantige Holzstäbe wie Balken aufkleben. Darüber das ganze Dach mit Holzschindeln eindecken.

9. Mit einigen gekauften oder selbst angefertigten Details ausstatten.

Vorlagen siehe Vorlagebogen

Krippenfiguren anfertigen und Kostüme schneidern

Krippenfiguren

Material:
fertige Biegefiguren 10 - 18 cm oder
jeweils nur Kopf, Füße und Hände
für die gewünschten Figuren
Jesuskind
bäuerliche Holzgeräte wie Rechen,
Besen, Gabel, Dreschschlegel, Sense
und Heuwagen aus dem Bastelge-
schäft bzw. vom Weihnachtsmarkt
Handbohrer
festen Draht
Klebstoff
Mullbinde

Die fertigen Biegefiguren bestehen
aus gerilltem Rumpf, Kopf, Händen
und Füßen. Letztere müssen dem
Körper nur noch aufgesteckt
werden. Sie können dann in die
gewünschte Form gebracht und
umwickelt werden. Eine kostengünstigere, aber gleichwertige Lösung
ist es, den Körper selbst anzuferti-
gen.

So wird's gemacht

1. Kaufen Sie Kopf, Hände und Füße
der jeweiligen Krippenfiguren.
Den Rumpf stellen Sie aus Draht
und Mullbinde selbst her.
2. Dazu bohren Sie zunächst mit
einem feinen Handbohrer die Körperteile in der Mitte an.

3. Einen Draht für den Rumpf in
etwa in die gewünschte Stellung biegen.
4. Den Draht mit den beiden Händen um den Rumpfdraht wickeln
und mit Mullbinde von einem Arm
zum anderen einhüllen.
5. Draht mit den Füßen am Rumpfdraht anbringen und ebenfalls
umwickeln.

6. So lange wickeln, bis die Form
dem menschlichen Körper entspricht. Der umwickelte Körper hat
den Vorteil, daß darauf nun die
Kleidung festgenäht werden kann.
7. Kopf aufstecken und entsprechend drehen.

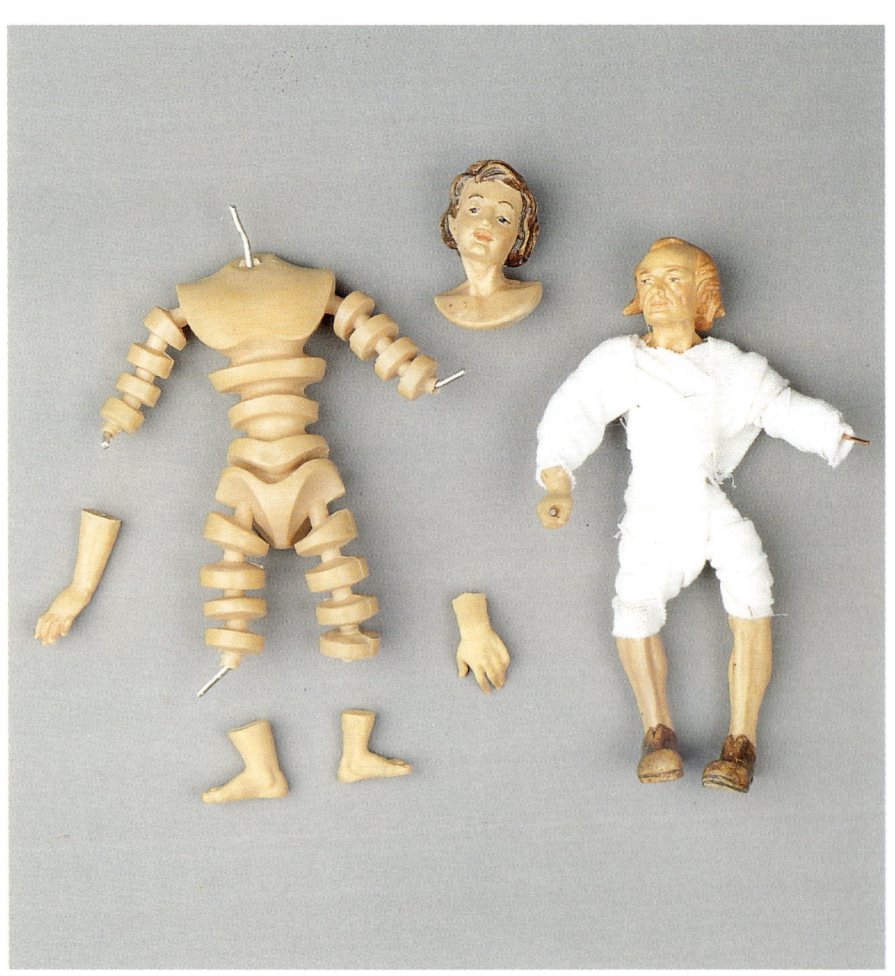

Kostüme

Material:

Die Stoffe für die Kleider der Krippenfiguren sollen dünn und zurückhaltend in Farbe und Musterung sein. Ausgenommen sind die Prunkgewänder der Drei Weisen aus dem Morgenland. Selbstverständlich können Sie hierfür die verschiedensten Stoff- und Lederreste, Spitzenstückchen, Borten, übriggebliebene Perlen u.v.m. verwenden.
Die Kleidung ist nach einfachsten Schnitten angefertigt und wird vorwiegend am Körper angenäht.

So wird's gemacht

Jesuskind

Das Jesuskind wird nur mit einem Stück Windel oder windelähnlichem Stoff bedeckt.

Maria

1. Das hellrote Kleid von Maria besteht aus einem Stück. Nur die beiden Seiten nähen, am Hals ein kleines Stück zarter Spitze befestigen. Schmalen Gürtel lose befestigen.
2. Halsrand, Ärmelaufschlag und Rocksaum mit Zierstich einfassen.
3. Gelbes Schultertuch am Rücken gerafft annähen, locker unter dem Gürtel hindurchziehen, am inneren Saum des Kleides mit einigen Stichen festnähen.
4. Über den Kopf ein Stück Spitze lose auflegen.
5. Der aschblaue Umhang ist doppelt genäht und gewendet. Dann nochmals am Rand entlangnähen, vorsichtig Blumendraht einziehen. Dadurch kann der Umhang sehr dekorativ drapiert werden.

Josef

1. Auch das dunkelbraune Kleid Josefs besteht aus einem Stück. Nur die Seiten werden zusammengenäht.

2. Gelb unterlegt läuft das graue Schultertuch von der linken Schulter über das Gewand zum rechten Saum. An einigen Stellen wird es lose am Kleid angeheftet.

Mohrenkönig (Melchior)

Die Gestaltung dieses Königs muß mit prächtiger Garderobe erfolgen. Alle auffindbaren Reste – Perlen, kleinste Stoffstücke, die anderweitig keine Verwendung finden – werden hier effektvoll zusammengefügt.

1. Ohne Schnittmuster einfach alle Teile am gewickelten Körper festnähen.

2. Lediglich der Brokatumhang ist aus einem Stück, mit Goldborte eingefaßt, am oberen Abschluß halbrund eingereiht und am Rücken festgenäht.

Kniender König

1. Auch hier unterschiedlichste Stoffreste – Samt, Seide, Brokat – zusammenfügen. Farbschattierungen von hellem Flieder bis dunklem Violett.

2. Als Hose werden unterschiedliche Brokatstücke um die Beine gewickelt und auf der Rückseite angenäht.

3. Die Arme ganz locker mit Bändern umwickeln und Silberborten festhalten.

4. Das Vorderteil wird nur angedeutet und von der breiten Seidenschärpe halb verdeckt.

5. Eng am Hals sitzt ein winziges Stück Silberborte, der Turban wird von einem Paillettenband zusammengehalten, und der kurzärmelige Mantel – der zugleich Schleppe ist – besteht aus mehreren kleinen Samtstücken.

**König mit
geschnitzter Goldkrone**

1. Die Hose wird an der Taille festgenäht, an einem Ende zwischen den Beinen durchgezogen und hinten angenäht.

2. Am Handgelenk werden die bauschigen Ärmel aus Brokatresten mit einer Goldborte festgehalten und an der Achsel festgenäht.

3. Das verlängerte Vorderteil besteht aus vielen einzelnen Pailletten, Perlen und Glassteinen, die Schleppe gleichfalls aus mehreren Stoffstücken.

4. Mit Goldlammé wird die Innenseite des pinkfarbenen Umhangs abgefüttert.

Bäuerin

1. Ein klein gemustertes Stück Stoff einreihen und an der Taille festnähen.

2. Oberteil und Ärmel am Körper festnähen, Spitzen und Silberbortenreste am Ärmel befestigen. Mit Silberborte auch das Vorderteil verzieren.

3. Silberperlen statt Knöpfen aufnähen, Spitze in Kragenform am Hals befestigen.

4. Passendes Stück Seide ausfransen und als Schürze am Körper anheften.

Bauer

1. Die Kleidung des Bauers besteht aus Filzresten. Ausnahmsweise wird hier die Hose zugeschnitten und zusammengenäht.
2. Den grünen Umhang kreisrund zuschneiden, Öffnung für den Kopf ausschneiden und überziehen. Hinten am Halsansatz festnähen.
3. Am linken Ärmel nach oben umschlagen, dafür rechts ein wenig unter den Arm klemmen.

4. Runden Hut aus schwarzem Filz im Durchmesser von 6 cm ausschneiden, schräg am Kopf festkleben. Rand wie eine Hutkrempe leicht nach oben drehen.

Hirte

1. Hose aus einem Lederrest ausschneiden und zusammenkleben. Zusätzlich Flicken aufs Knie kleben. Überziehen und am Körper befestigen.
2. Jacke in einem Stück aus Schafwolle stricken und gleichfalls am Körper annähen.

Schafe und Lämmer

Unbehandelte kurze Schafwolle von der Schur (Rohschafwolle) auflockern und um den Drahtunterbau wickeln. Ohren aus der Wolle hochziehen. Durch den Drahtunterbau kann das fertige Schaf liegend oder stehend in der Krippe untergebracht werden.

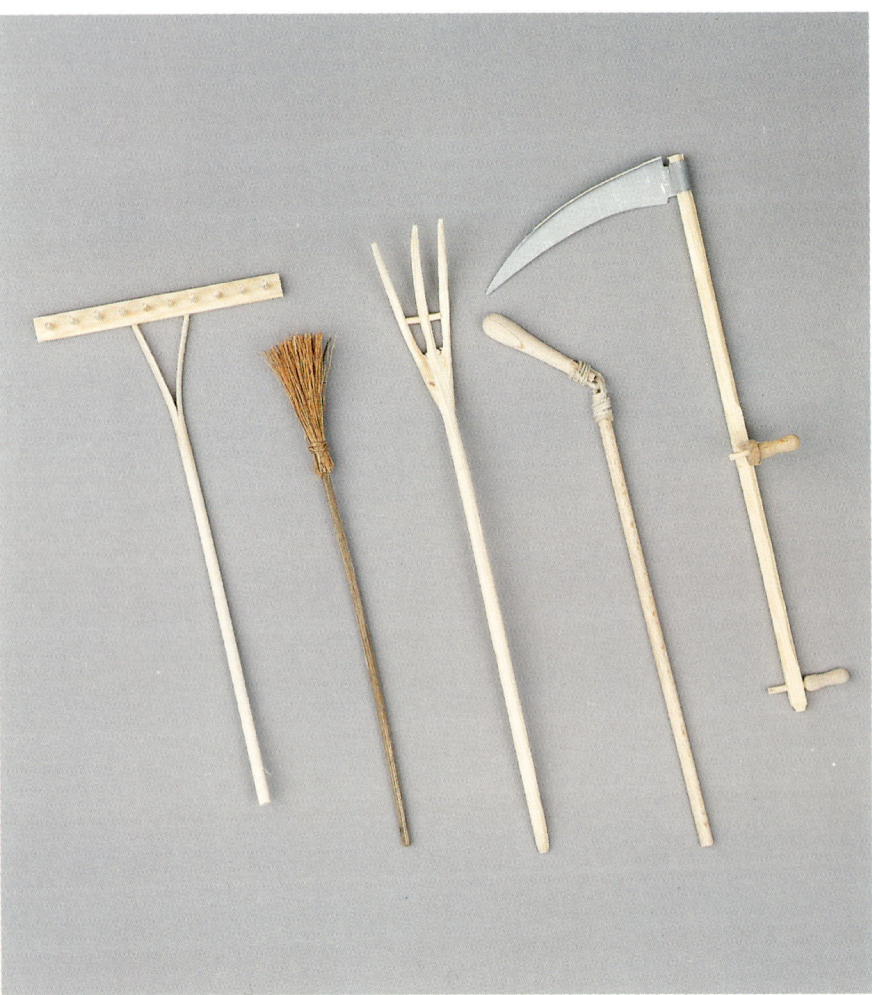

Mein Tip:

Auch Ochs und Esel können auf diese Art hergestellt werden. Allerdings empfiehlt sich andersfarbige Wolle.
Die Krippe wird durch passendes Zubehör wie Rechen, Laternen usw. abgerundet.

Schachtelkrippe

Schachtelkrippen werden am Heiligen Abend – vorzugsweise unter dem Christbaum – aufgestellt und verbleiben dort bis zum Dreikönigstag.
Die Bemalung der Spanschachtel zeigt meist religiöse Motive, die auf traditionelle Vorlagen zurückgehen.

So wird's gemacht

1. Schachtel innen blau ausmalen, am oberen Rand mit etwas Weiß aufhellen. Außen insgesamt weiß grundieren und nach dem Trocknen mit Schleifpapier glätten.

5. Rund um die Krippenfiguren kurzes Moos kleben.
6. Aus einer Zeitung Buchstaben für den Begriff »Heilige Nacht« ausschneiden, auf Goldfolie kleben und zusammen auf dem Stoff befestigen.
7. Am Innenrand der Schachtel eine Häkelspitze umkleben.

Material:
Spanschachtel
feines Schleifpapier
Transparentpapier
Kohlepapier
Bleistift
Klebeband
Klebstoff
Hobby line bayerisch blau, weiß, schwarz, grün und rot
fertige Krippenfiguren aus Wachs
Stoffrest weiß
Moos
Zeitung
Goldfolie
Häkelspitze
Wachs
Tuch

2. Deckel gleichfalls blau anstreichen und die Vorzeichnung für den Dekor aus Blumen und Initialen mit Transparent- und Kohlepapier übertragen.
3. Nach dem Foto schwarz, grün und rot ausmalen, an den Rändern weiß nachziehen.
4. Heilige Familie in die Schachtel kleben, unten ein Stück Stoff einstecken. Diesen Stoff an der Oberfläche mit Klebstoff einpinseln und nach dem Erhärten weiß übermalen.

8. Den Schachtelrand außen mit dem sich wiederholenden Motiv bemalen.
9. Abschließend außen einwachsen und polieren.

Vorlagen siehe Vorlagebogen

»Eingericht«
(Kastenkrippe mit Schmuckrahmen)

Das »Eingericht« – von einrichten, »hineinrichten«, also Krippenfiguren in einem Rahmen oder Kasten anordnen – ist eine besondere Form, das weihnachtliche Geschehen darzustellen. Auch diese Tradition läßt sich viele Jahrzehnte hindurch zurückverfolgen.

Material:
ornamentierter, alter Bilderrahmen oder
»antiker« Bilderrahmen von Kreul
Holzbrettchen
Holzleim
Hammer
Nägel
Kreul Hobby line dunkelblau, weiß, moosgrün
flacher, breiter Pinsel
Kreul-Flüssigbronze hellgold
Klebstoff
Moos
Erika-Moos
Krippenfiguren

So wird's gemacht

1. Mit den Maßen der jeweiligen Bilderrahmenöffnung ein Kästchen zimmern, das sich nach hinten zu leicht verjüngt.
2. Teile zusammennageln und mit Holzleim kleben.
3. Rückwand, Seitenwände und Decke dunkelblau ausmalen. Nach oben hin mit Weiß aufhellen, um das lichter werdende Firmament anzudeuten.

4. In unregelmäßigen Abständen Sterne mit Flüssigbronze hinzumalen, dazwischen kleine, goldene Punkte setzen.
5. Auf die Bodenplatte moosgrüne Farbe dick aufstupfen. Dazu Pinsel voll in die Farbe tauchen, nicht abstreifen und nicht streichen, sondern dicht nebeneinander aufsetzen. Es entsteht ein reliefartiger Bodenbelag, der gut durchtrocknen muß.
6. Krippenfiguren anordnen und festkleben: die Heilige Familie in der Mitte, rechts die Hirten. Die Könige kommen von links.
7. Zwischen den Figuren und zum Vordergrund hin kurzes Moos aufkleben. Aus kleinen Zweigen von Erika-Moos Bäume und Sträucher verteilen.

Mein Tip:

Am ausdrucksvollsten, allerdings auch am teuersten, sind handgeschnitzte Krippenfiguren. Wenn Sie die Tradition beibehalten und das Eingericht ganzjährig im Raum belassen wollen, sollten Sie eine kostspieligere Lösung vielleicht in Betracht ziehen. Eine kostengünstigere Variante wären dann aus spezieller Holzmasse gegossene Figuren aus dem Fachhandel, die den handgeschnitzten recht ähnlich sehen.

Papierkrippe

Von imposanten Kulissenbildern bis hin zu einfachsten Papierfiguren waren alte Papierkrippen in verschiedensten Formen und Ausprägungen üblich.

Heute erfreuen sie sich wieder großer Beliebtheit, wobei auch nostalgische Ausschneidebögen im Handel sind. Mit einer selbst gemachten Papierkrippe können diese sich aber bestimmt nicht messen.

Material:
2 Bogen Aquarellpapier (55 x 73 cm)
mit grober Struktur
Aquarellfarben
Goya-Rundpinsel Nr. 10
Transparentpapier
Kohlepapier
Bleistift
Schwamm oder Tuch

Vorlagen siehe Vorlagebogen

So wird's gemacht

1. Mit nur leichtem Bleistiftdruck die Vorzeichnungen wie beschrieben auf das Aquarellpapier durchpausen. Kräftige Linien werden von Aquarellfarben nicht überdeckt.
2. Zunächst den Giebel des Krippenstalls ausmalen und dabei den Pinsel immer gut feucht halten. Umbra neben Siena setzen, die Farben mit dem Pinsel auseinanderziehen und so Bretter und Balken andeuten.

3. Für das stilisierte Mauerwerk erst die Fläche mit Wasser bepinseln, nur wenig Ocker aufnehmen und kurze Stückchen damit malen. Ab und zu ein wenig Grau einmalen.

Sollten die Farben einmal zu kräftig erscheinen, schnell mit Schwamm oder Tuch auswischen.
4. Ochs, Esel, Schaf und Ziege aus einer Mischung von Umbra, Siena und Ocker anlegen.
5. Gesichter, Hände und Füße aller Figuren aus Ocker mit Weiß, Komet

gold und kupfer, Stroh gelb und weiß.
6. Auf diese Weise fortfahren und alle Einzelteile bemalen.
7. Nach dem Bemalen die Figuren ausschneiden.
8. Aus dem übriggebliebenen Aquarellpapier 2 cm breite Streifen schneiden, zusammenkleben und an der Rückseite der Figuren als Standhilfe befestigen.

Krippen-Triptychon aus Glas

Material :
1 Glasplatte 25,5 x 19 cm
2 Glasplatten 27,5 x 14 cm
Transparentpapier
dicker Filzstift
Blatt Papier
Klebeband
Kreul-Konturenpaste bleifarben
Transparent-Glasmalfarben von
Kreul
selbstklebendes Bleiband (6 mm)
von Kreul

So wird's gemacht

1. Die drei Glasplatten in entsprechender Größe zuschneiden lassen.
2. Die Vorlage mit dickem Filzstift auf Transparentpapier abzeichnen. Dieses mit einem weißen Blatt hinterlegen und unter der Glasplatte mit Klebeband befestigen.

3. Linien mit Konturenfarbe sorgfältig nachziehen und trocknen lassen.
4. Die so entstandenen Felder nun mit Glasmalfarbe so ausfüllen, daß die Farbe auf Höhe der Konturenpaste bündig ist. Es entsteht der Eindruck von farbigem Glas.
5. Von außen nach innen mit dem Bemalen der Felder beginnen.
6. Zum Schluß mit selbstklebendem Bleiband einfassen.

Originalbreite 31 cm

Originalbreite 36 cm

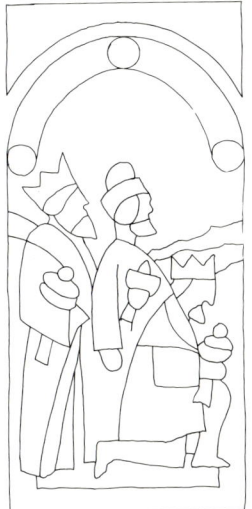

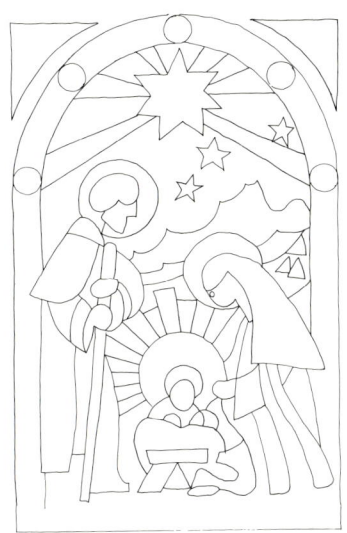

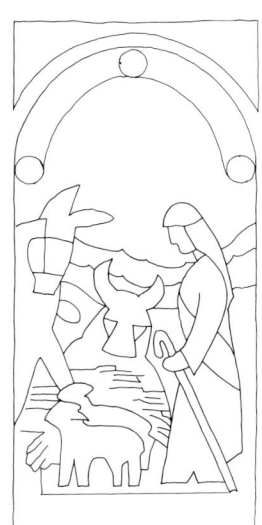

Mein Tip:

Malen Sie immer nur ein Feld, dieses aber zügig. Da Transparent-Glasmalfarbe schnell trocknet, sind spätere Korrekturen nicht mehr möglich.

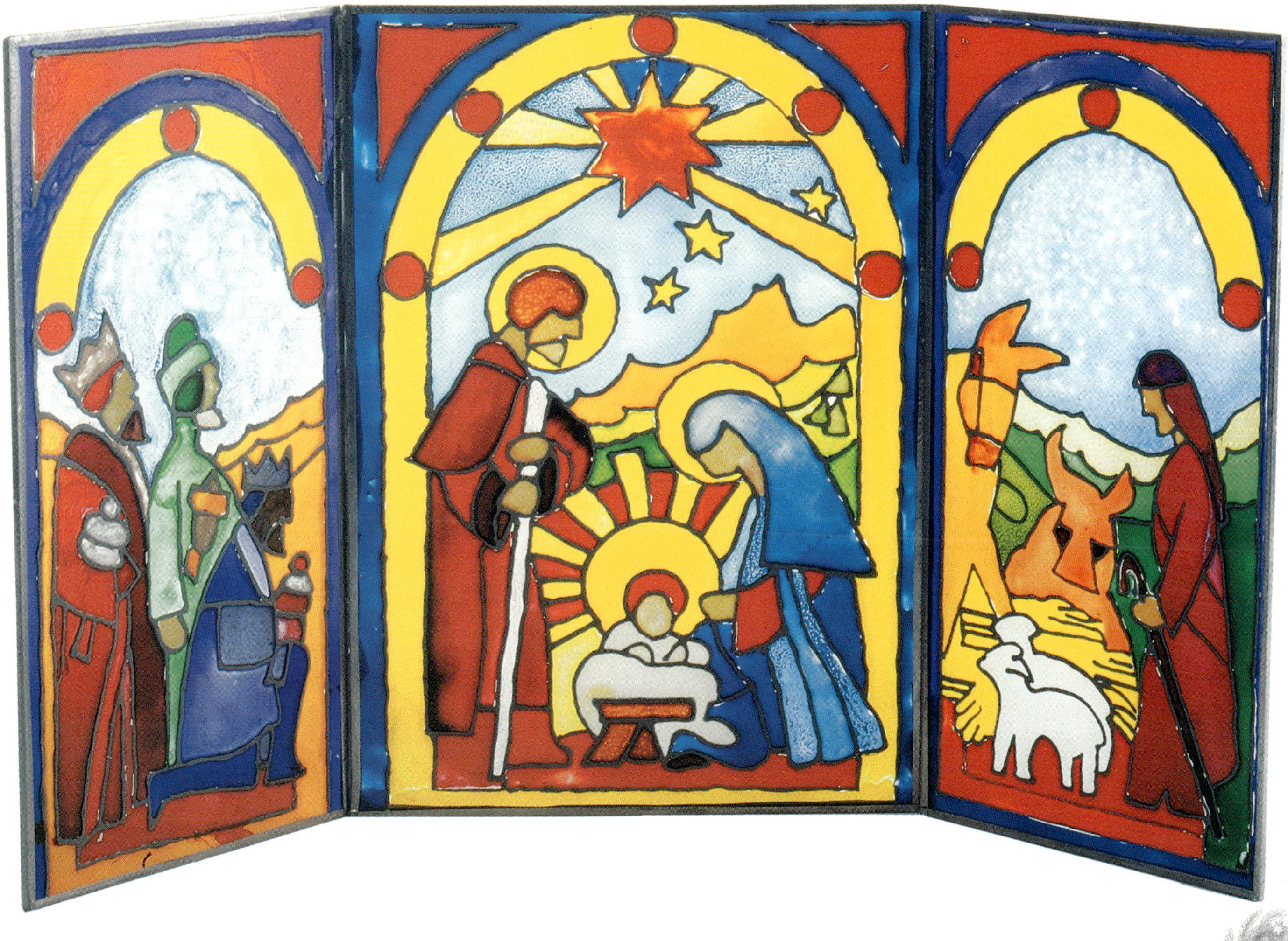

Heroldsengel

Dieser große Heroldsengel steht den Königen aus dem Morgenland an Prunk in nichts nach. In glanzvollen, edlen Materialien gearbeitet, scheint er ein würdiger Repräsentant der Engel, die die Frohe Botschaft verkündeten.

Material:
Kopf (Durchmesser 10 cm) und dazu gehörende Hände und Füße aus Wachs (Hobbybedarf oder Weihnachtsmarkt)
sehr fester Draht
Transparentpapier
Bleistift
verschiedene Stoffe (Samt, Brokat usw.)
Goldborten
goldene Zierbänder
Silber- und Goldfäden
Perlen
Pailletten
Federn
Mullbinde
Watte
50 cm langes Rundholz
Kreul-Flüssigbronze hellgold und silber

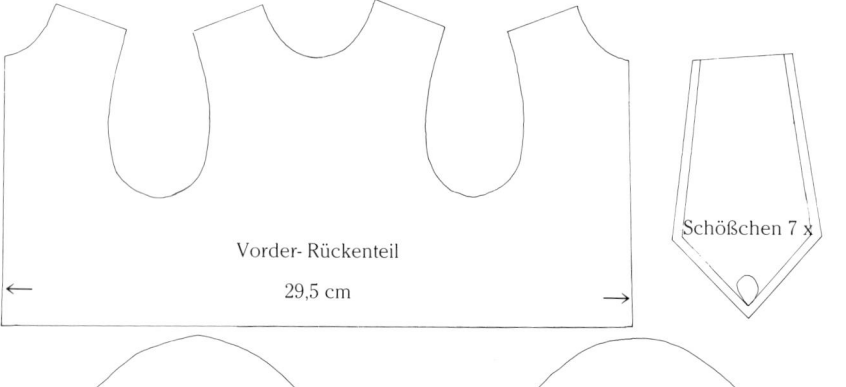

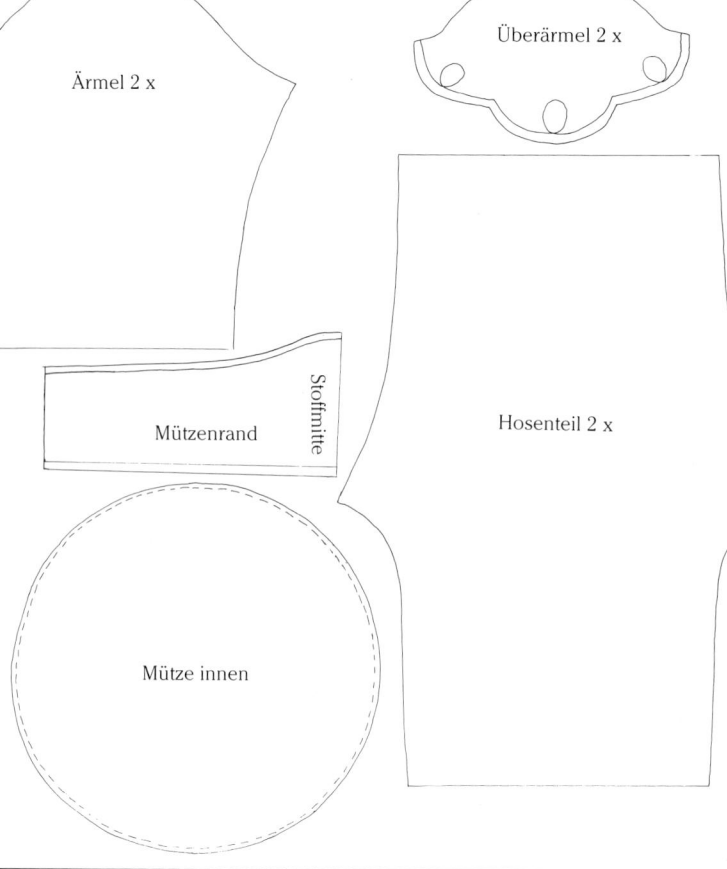

Vorder- Rückenteil
29,5 cm

Schößchen 7 x

Überärmel 2 x

Ärmel 2 x

Hosenteil 2 x

Mützenrand
Stoffmitte

Mütze innen

So wird's gemacht

1. Schnitte für die Kleidung von der Vorzeichnung auf Transparentpapier durchpausen. Teile ausschneiden und danach den Stoff zuschneiden.
2. Passendes Drahtgestell für den Körper herstellen. Die Körperteile aus Wachs sind innen hohl – daher eventuell noch mit Watte ausstopfen.
3. Nun den Körper wie bei den Krippenfiguren mit Mullbinde umwickeln, bis eine ansprechende Form erzielt ist.
4. Aus golddurchwirktem Zierband Strümpfe nähen. Wenn das Band zu schmal ist, entsprechend oft aneinandernähen. Schließen und fest über den Fuß ziehen. Am umwickelten Bein faltenlos festnähen.
5. Die beiden Teile der Hose nach dem Schnitt zuschneiden und zuerst an den Außenseiten, dann im Schritt zusammennähen. Am unteren Ende Spitzen, Borten, auch Bro-

kat aufnähen. Hierzu können unterschiedlichste Stücke verwendet werden: Sie müssen nur farblich zueinander passen.

Flügelhöhe 354 mm

Dann die Hose wenden und überziehen. Unten am Textilkörper annähen, stramm ziehen bis zur Taille und dort ebenfalls annähen.
6. Für den Unterärmel verschiedene Stoffstücke zusammennähen. Am Ärmelende, zur Hand hin, eingereihte cremefarbene Spitze anbringen. Darüber eine Reihe Goldborte setzen und den Ärmel an der Achsel annähen.

7. Vorderteil aus Samt zuschneiden, Überärmel unterfüttern, dann mit Goldlitze wie aufgezeigt verzieren und am Vorderteil befestigen. Genau in der Mitte des Brustteils mit der Goldlitze nach links und rechts je drei Schlingen aufnähen, zum Hals hin als Abschluß eine. Perlen, Pailletten, bunte Glassteine – alles, was zur Verfügung steht und festlich aussieht – aufnähen.

8. 7 Schößchenteile unterfüttern und genauso mit Goldlitze besetzen. Der Figur überstreifen und am Oberteil annähen. Am Rücken eine Seite schmal einschlagen und mit diesem Saum auf der anderen Seite festnähen. Dabei einige Male auch am Stoffkörper annähen.
9. Unter den Schößchenteilen ein Stück 20 cm breite Spitze an der Hose annähen.
10. Das Seitenteil der Mütze schließen, dann den Außenrand abfüttern und mit der Goldlitze verzieren. Die runde Bedeckung stark einreihen und ringsum auf halber Höhe des Seitenteils annähen. Am inneren Mützenrand zwei Reihen Goldborten anbringen – wobei die untere Reihe über den Rand hinausstehen soll. Federbusch aufstecken.
11. Früher klebte man für die Flügel sorgfältig eine kleine Feder nach der anderen auf die Flügelgrundform. Die nach nebenstehender Vorlage auf Metallfolie eingeritzten Federn sind einfacher herzustellen, aber durchaus ebenbürtig und genauso dekorativ.
12. Dem Engel abschließend einen Stab in die Hand geben. Dazu den Rundstab mit Gold- und Silberbronze einstreichen. Dadurch ergibt sich ein besonderer Effekt. Aus silberner Metallfolie ein Kreuz ausschneiden, an der Stabspitze festkleben, den Stab in der linken Hand des Engels festmachen.

Der festlich gedeckte Tisch

Am Weihnachtsfest selbst wie in der Adventszeit bildet der Tisch häufig den Mittelpunkt, um den sich Familienangehörige oder Gäste versammeln. Festliche Tischdekoration und glanzvoller Tischschmuck dienen hierbei nicht nur als angemessener Rahmen, sondern können für sich allein zum Erlebnis werden.

Schmuck- und Tischbänder

Selbst gestaltete Satinbänder lassen sich auf vielfältige Weise für Tischdekorationen verwenden. Sie können Schleifen daraus binden, das Band um die Tischkante laufen lassen oder es locker um die Gedecke drapieren.

Material:
11 cm breite Satinbänder in brombeer, blau, grün und violett
Javana Tex Silber- und Goldglitter
Javana Tex Glitter grün und blau
Javana Blow up weiß
Karton

So wird's gemacht

Auf jeder Seite des brombeerfarbenen Satinbands ist der Schriftzug »Frohe Weihnacht« fortlaufend mit Silberglitter geschrieben. Unterbrochen wird die Folge von Tannenbäumen aus Blow up weiß und Goldglitter. Auf der anderen Seite verläuft der Dekor in entgegengesztzter Richtung.

Das blaue Satinband ziert eine durchgehende Einfassung aus Goldglitter. Aus Goldpunkten ist ein Bogenmuster entstanden, in dem goldene Sterne locker verteilt sind.

Glitter grün begrenzt das grüne Band mit gleichfalls grünen Glitterpunkten und -sternen.

Für die Motive des violetten Bands (Schleife, Stern, Glocke) aus Karton eine kleine Schablone anfertigen und in blauem Glitter über das Band verteilen.

Handbemalte Tischdecke mit passendem Accessoire

Material:
Stoff in grober Struktur
Javana Tex dunkelblau und gold
Javana Tex Goldglitter
leichter Futterstoff
Bleistift

So wird's gemacht

1. Schablone für einen Stern in größerem und für einen Stern in kleinerem Format anfertigen.
2. Für die Tischdecke die großen Sterne leicht umreißen, für die Schleife die kleinen verwenden.
3. Zunächst den goldenen Stern ausmalen, dann den jeweils dahinterliegenden blauen.

4. Nach dem Trocknen Goldstern am Rand mit Goldglitter nachziehen.
5. Die Untersetzer am Sternenrand ausschneiden, Tischdecke und Untersetzer einsäumen. Die Schleife nach dem Bemalen und Säumen mit passendem Stoff abfüttern.
6. Die Platzdeckchen können rechteckig mit dem gleichen Motiv wie für die Tischdecke oder aber als vergrößerter Stern nach Art der Untersetzer angefertigt werden.

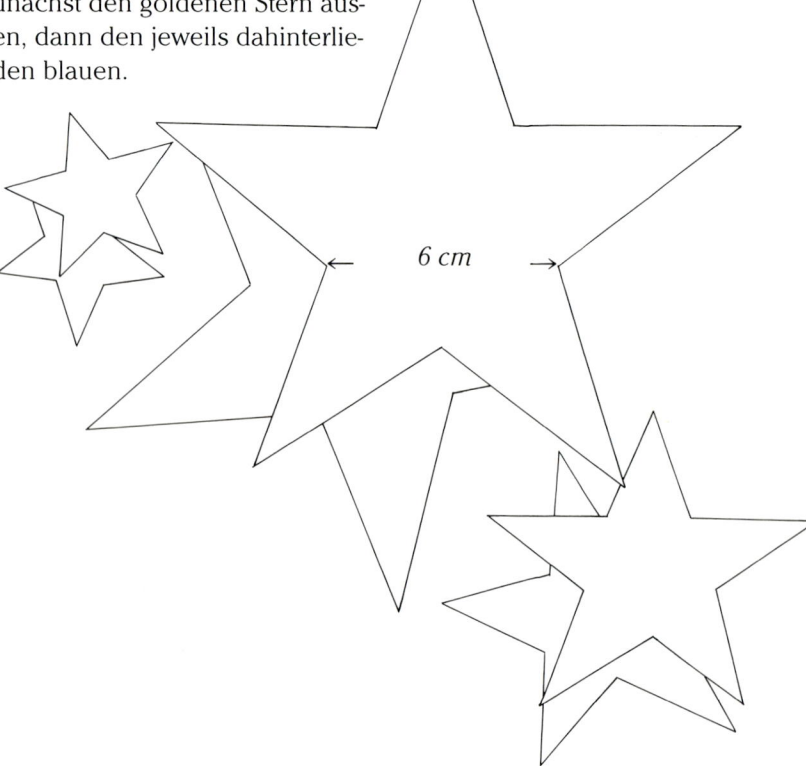

6 cm

Bezugsquellen

Fa. Herlikofer, Vorstadt 105,
73529 Schwäbisch Gmünd
Fa. Kreul, Hainbuchenstr. 8,
91309 Forchheim
Fa. Liebich, Bürgerholzring 9,
94202 Regen (Niederbayern)
Fa. Rayher Hobby, Fockestr. 15,
88464 Laupheim
Selva Technik, Christ. Messner Str. 29,
78647 Trossingen

Zur Autorin:

Helga Sander, Studium der Bilden-
den Kunst (Malerei, Volkskunst,
Modellieren) in Texas, USA.
14 Buchpublikationen zu Themen
aus dem Bereich des Kunsthand-
werks. Gibt Kurse in Malerei und
kunsthandwerklichen Techniken.
Lebt und arbeitet in Garmisch-
Partenkirchen.

Anschrift:
Helga Sander, Burgfeldstr. 56,
82467 Garmisch-Partenkirchen

Die Deutsche Bibliothek
– CIP-Einheitsaufnahme
Traditionelle Weihnacht
Basteln · Backen · Dekorieren/Helga Sander
– Augsburg: Augustus-Verlag, 1994
ISBN 3-8043-0239-4

Die im Buch veröffentlichten Ratschläge
wurden von Verfasser und Verlag sorgfältig
erarbeitet und geprüft. Eine Garantie kann
dennoch nicht übernommen werden,
ebenso ist eine Haftung des Verfassers bzw.
des Verlages und seiner Beauftragten für
Personen-, Sach- und Vermögensschäden
ausgeschlossen.

Jede gewerbliche Nutzung der Arbeiten und
Entwürfe ist nur mit Genehmigung von Verfasser und Verlag gestattet.

Bei der Anwendung im Unterricht und in
Kursen ist auf dieses Buch hinzuweisen.

Fotografie: Annette Hempfling, München
Umschlaggestaltung:
Christa Manner, München
Kolumnenzeichnungen:
Anton Walter, Gundelfingen
Lektorat: Eva-Maria Müller, Augsburg
Satz: Gesetzt aus 10,5 Punkt Cheltenham ITC
von Walter Werbegrafik, Gundelfingen
Reproduktion: Repro-Ludwig, A-Zell am See
Layout: Anton Walter, Gundelfingen

AUGUSTUS VERLAG AUGSBURG
© 1994 Weltbild Verlag GmbH, Augsburg
Druck und Bindung: Appl, Wemding
ISBN 3–8043–0239–4
Printed in Germany